建築をつくるとは、

自ら手を動かす12人の仕事

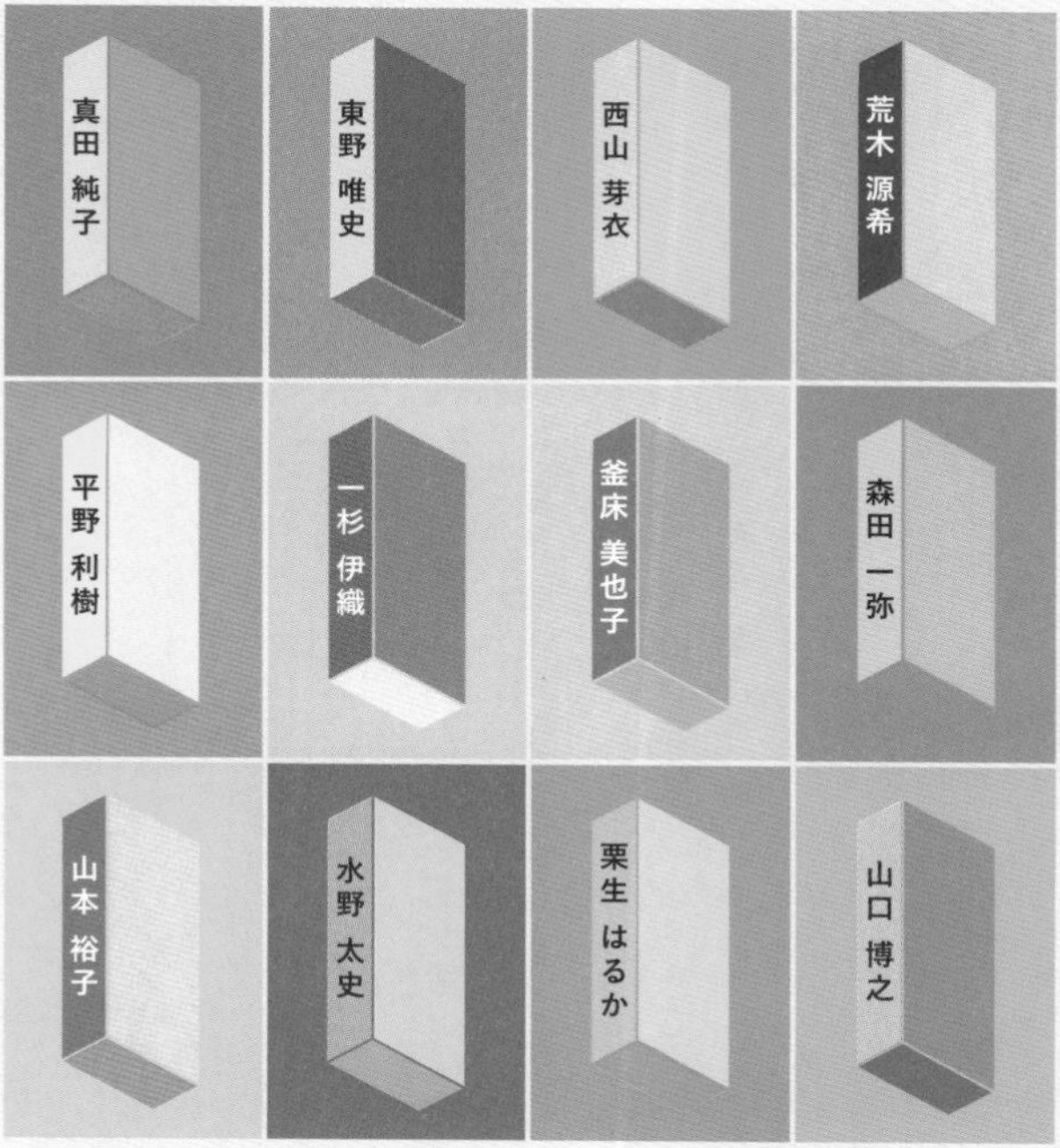

編著 河野 直
権藤 智之

Nao Kono
Tomoyuki Gondo

The Architect as Maker

12 hands-on designers explain their practice

Based on the University of Tokyo lecture series "Makers on Making"

学芸出版社

本書は「一般財団法人住総研」の 2023 年度出版助成を得て出版されたものである。

はじめに

本書は「建築をつくる仕事」を実践する12名の働き方・生き方を紹介する本である。紹介する12名は、設計者や教育者の従来の役割からはみ出し、建築空間のみならず、風景や場を、自らの手で「つくる」ことに人生を捧げる実践者たちだ。

第一章：現場での施工経験を経て設計行為をアップデートする──荒木源気・森田一弥・山口博之
第二章：地域社会の身近な場所を楽しくサステナブルにつくり変える──西山芽衣・釜床美也子・栗生はるか
第三章：素材をクリエイティブに掘り起こし、新しい建築空間を生み出す──東野唯史・一杉伊織・水野太史
第四章：デジタルや手仕事のスキルを介して未来のつくり手を育てる──真田純子・平野利樹・山本裕子

彼らが、社会にどんな問いを抱き、どんな仕事を生み出し、何に喜びを見出し、どこへ向かうのか──。各々が生み出した「建築をつくる仕事」とその背景にある思想を、できる限り率直な言葉で語ってもらった。本書を通じて、建築を学ぶ学生や建築の世界で働く人々が、自らの手で「つくる」という生き方・働き方に興味を持ち、一歩を踏みだすきっかけになれば、望外の喜びである。

連続講義「つくるとは、」

本書のベースには、東京大学建築生産マネジメント寄付講座・権藤研究室が主催する連続講義「つくるとは、」がある。2021年7月から約2ヶ月に一度のペースで開催され、2024年4月現在も継続中である。本書は、これまでに出演した20名を越えるゲストから12名を選定し、講義録を下敷きに各著者によって執筆されたものである。

講義には毎回2名のゲストが招かれた。ゲストは、建築分野を中心に多様な立場で「つくる」ことに人生を捧げる実践者である。建築家または教育者であると同時に、自ら手を動かすMAKERとしての側面を持つ。講義には、大学生・社会人含め毎回60名から120名程の参加者が、全国から集まった。第1回から第4回まではコロナのためオンラインで、第5回以降はオンラインと会場での開催とした。

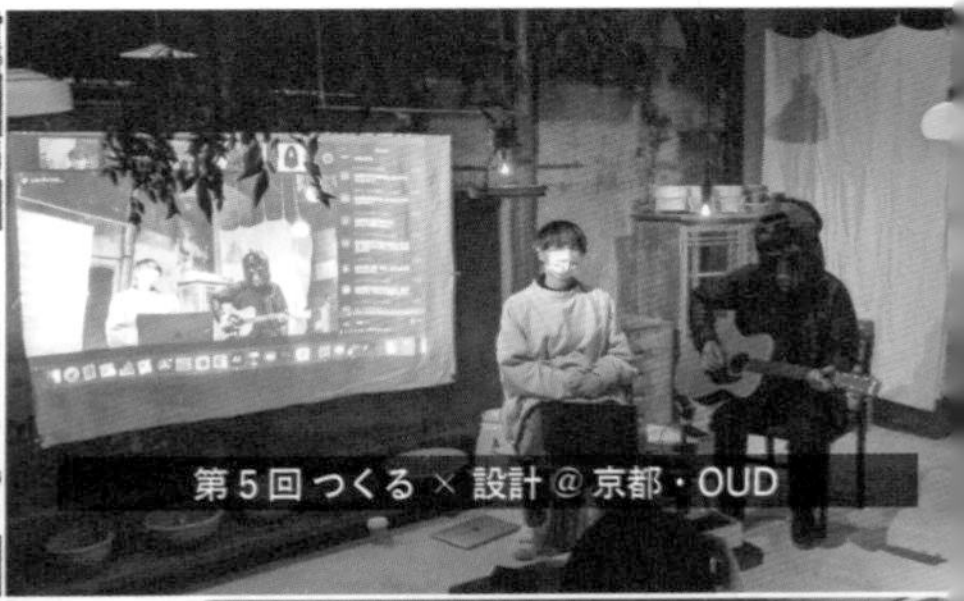
第5回 つくる × 設計 @ 京都・OUD

第6回 つくる × 場 @ 飛騨古川・FabCafe Hida

第7回 つくる × ゴミ @ 東京・TOOL BOX

第8回 つくる × 継ぐ @ 石川・インカナザワハウス

2時間の講義のうち、前半を2名によるレクチャー、後半を議論の場とした。前半のレクチャーでは、現在の活動に加え、学生時から現在まで何を考え、なぜその取り組みを始めたのかを語っていただいた。後半の議論は、オーディエンス参加型のディスカッションを展開した。

最後の質問、つくるとは？

ディスカッションの最後に、ゲスト全員に同じ質問を投げかけた。

「あなたにとって、つくるとは、どんなことですか？」

質問へのアンサーはどれも個性的で、各ゲストが秘める野心や哲学のような言葉が語られた。これらを、本書の巻頭グラビア（6〜29頁）左側に記した。各著者の本文と合わせて、彼らの取り組みをより深く理解するヒントにしていただけたら幸いである。

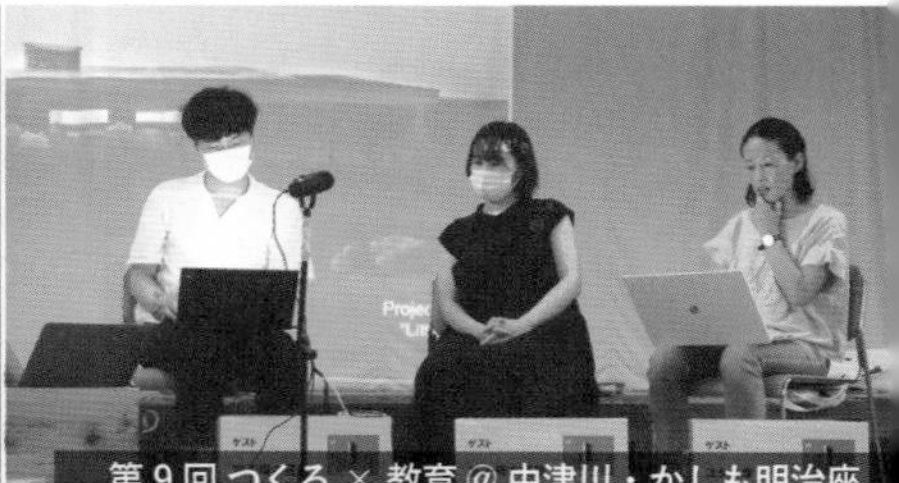
第9回 つくる × 教育 @ 中津川・かしも明治座

第10回 つくる × 参加 @ 沖縄・玉城食堂

第11回 つくる × 設計 @ 京都・下鴨ロンド

第12回 つくる × 生業 @ 東京・YAU STUDIO

MAKER

01

手で思考する ― つくることから始まるデザイン

荒木 源希 （株）アラキ＋ササキアーキテクツ／モクタンカン（株）代表

Motoki Araki , Araki+Sasaki Architects, Moktankan

つくるとは、設計すること。

つくるとは設計することであり、設計することはつくることだと思います。それにどう関わるかは都度違いますが、僕にとっては2つともほぼイコールでつながっていることだと考えています。

To make is to design.

To make is to design, and to design is to make. The relationship between making and designing may vary depending on the context, but for me, they are interconnected to the point of being almost interchangeable.

© 添田康平

MAKER

02

左官職人から建築家へ — 京都の土壁技術を現代建築に

森田 一弥　森田一弥建築設計事務所主宰／京都府立大学准教授

Kazuya Morita , Kazuya Morita Architecture Studio, the University of Kyoto Prefecture

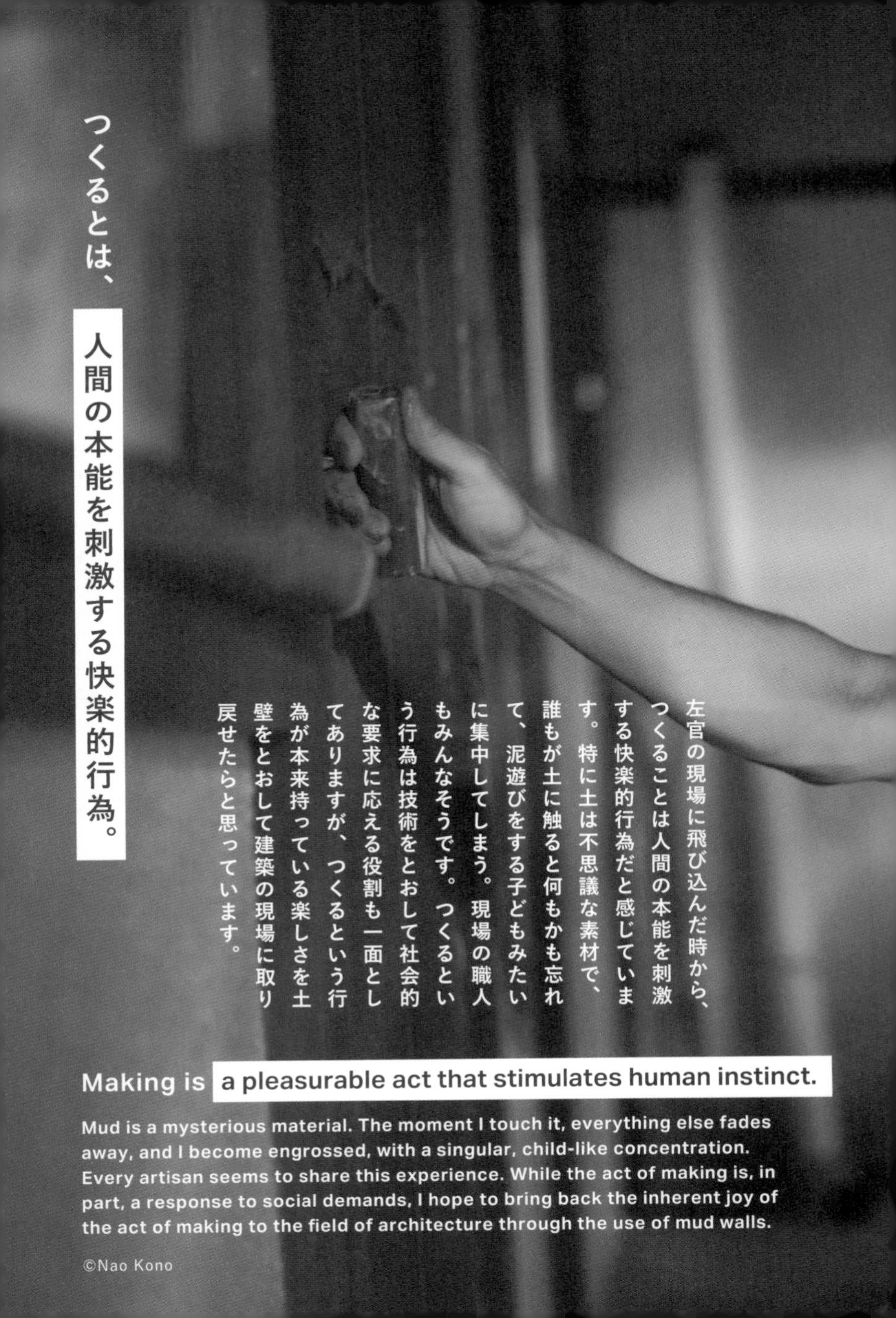

つくるとは、人間の本能を刺激する快楽的行為。

左官の現場に飛び込んだ時から、つくることは人間の本能を刺激する快楽的行為だと感じています。特に土は不思議な素材で、誰もが土に触ると何もかも忘れて、泥遊びをする子どもみたいに集中してしまう。現場の職人もみんなそうです。つくるという行為は技術をとおして社会的な要求に応える役割も一面としてありますが、つくるという行為が本来持っている楽しさを土壁をとおして建築の現場に取り戻せたらと思っています。

Making is a pleasurable act that stimulates human instinct.

Mud is a mysterious material. The moment I touch it, everything else fades away, and I become engrossed, with a singular, child-like concentration. Every artisan seems to share this experience. While the act of making is, in part, a response to social demands, I hope to bring back the inherent joy of the act of making to the field of architecture through the use of mud walls.

©Nao Kono

MAKER

03

沖縄での設計施工 — 人と人々と土地による参加

山口 博之 （株）建築意思代表取締役

Hiroyuki Yamaguchi , Architecture ici

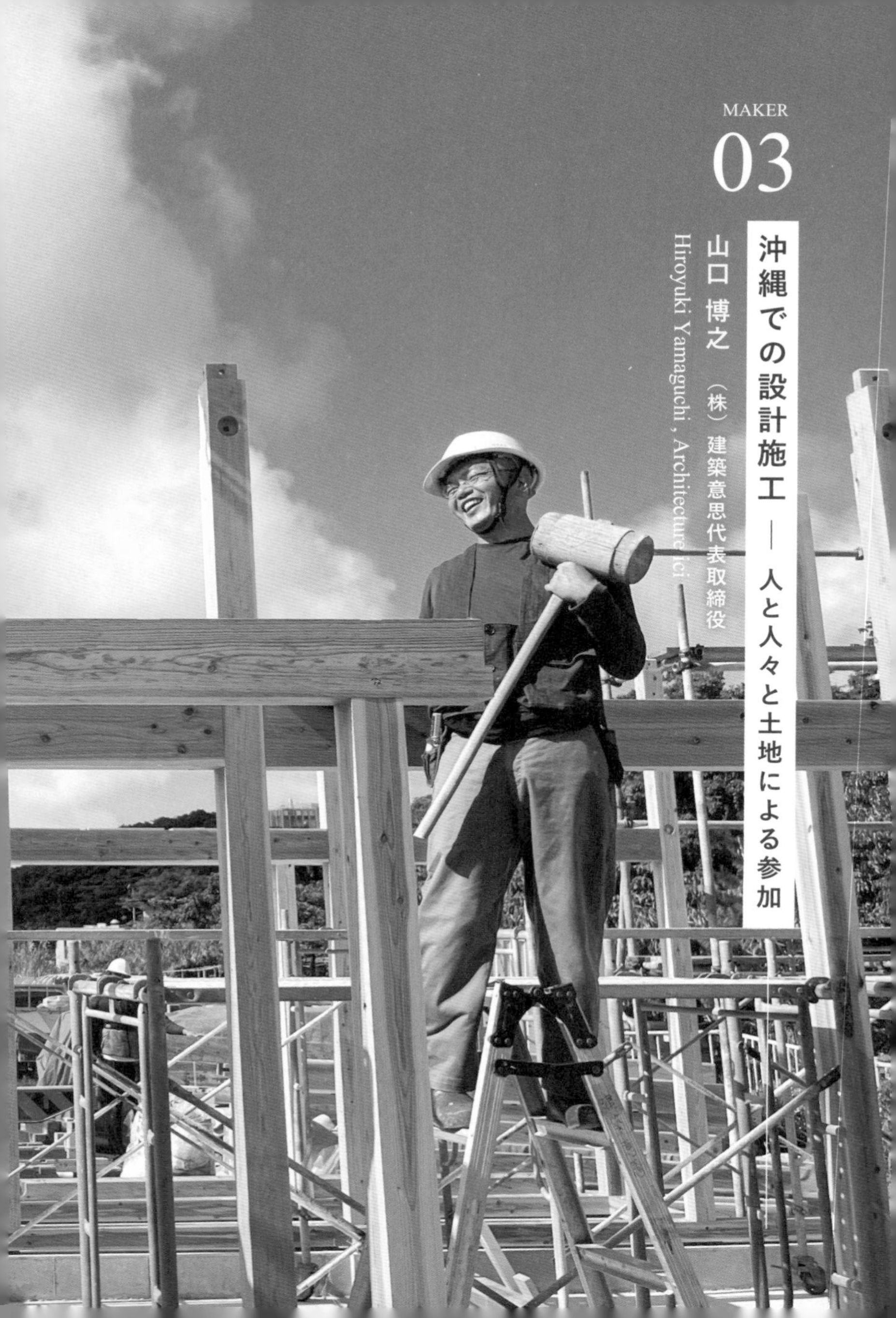

つくるとは、矛盾と向き合うこと。

建て方の日に雨が降る。職人に断られる。施主からは完全否定。やりたいことと、やれないことで揺れる日々。私の思いや計画は、現場でいつも覆される。意固地にならず、私が私であることを手放そうとする瞬間に、出会ってしまうアイディアがある。「困っちゃうなぁ。」と呟くその奥に、「つくる」ことの根源があるのではないでしょうか。

To make is to confront contradictions.

It rained on construction day. The carpenter refused to work. The client rejected my idea. I am torn between what I want to do vs. what is possible. My plans are thwarted at the site. I abandon my stubborn desires, let go of myself, and the right idea comes to me. I think the seed of creative making grows out of the despair I feel when I'm muttering to myself "I'm screwed..."

MAKER

04

地域密着のファブスペースで暮らしをアップデートする

西山 芽衣 （株）マイキーディレクター
Mei Nishiyama , Mikey Corporation Director

つくることは目的ではなく、自分自身の暮らしのあり方を考える行為であり、生き方の選択肢を増やしていく一つの手段だと捉えています。また、つくることは自分をひらき、他者との新たな関係性を生み出すきっかけを与えてくれるものだと感じています。

つくるとは、

暮らしを健やかにアップデートすること。

To make is to joyfully "update" your daily life.

Making is not an end in itself, but rather a means of analyzing your life and expanding your options for how to live it. Making opens us up and gives us the opportunity to create new relationships with others.

©Bryan Ortega

MAKER

05

消えゆく茅葺茶堂を地域で再生する

釜床 美也子　香川大学講師／民家研究者

Miyako Kamatoko , Lecturer, Kagawa University

つくるとは、みんなでつくること。

古い民家がない場所であっても、茶堂のような公共性の高い愛されている建築であれば、それをみんなで修理したり直したりすることで、新しい愛着を生み出すことができるんじゃないかと思います。

To make is to make together.

Even in places devoid of old traditional homes, if there's a cherished, publicly accessible structure (like Sado, the thatched-roof communal tea house), the collective effort to repair or restore it can foster a fresh sense of attachment to it. I believe communal repair work has the potential to cultivate new-found affection for the built environment.

MAKER

06

銭湯とまちの生態系を編み直す

栗生　はるか　一般社団法人せんとうとまち代表理事／文京建築会ユース代表

Haruka Kuryu , Representative director of Sento & Neighborhood, Representative director of Bunkyo Kenchikukai Youth

長い間人々に愛されてきた銭湯が解体される背後で、脈絡のない無機質な高層ビルが乱立していく状況を目の当たりにすると、継《つ》ぐということを考えずしてつくることに強い疑問を感じます。

つくるとは、

継《つ》ぐことと共に考えるべきこと。

To make is

to consider your responsibility to what you have inherited.

Observing the demolition of a traditional bathhouse in Tokyo while skyscrapers rise behind it strongly reinforces my belief that creating architecture without considering its impact on future generations is a practice to be avoided at all costs.

©Mari Okamoto

MAKER

07

古材のアップサイクルから新しいカルチャーをつくる

東野 唯史　ReBuilding Center JAPAN 代表

Tadafumi Azuno , Founder & CEO of ReBuilding Center JAPAN

つくるとは、救うこと。

レスキューすることが僕の制作活動の軸にあって、レスキューした古材を使えば使うほどゴミを減らすことができます。つくることは、救うことだと思っています。

To make is to rescue.

I believe that making is a form of rescue. This sentiment is at the core of my creative endeavors: to reclaim materials and reduce waste through their utilization.

MAKER

08

プロの技術でゴミに光をあてる

一杉 伊織　TOOLBOX 執行役員／デッドストック工務店

Iori Hitosugi , TOOLBOX, Deadstock Komuten

つくるとは、人の創造性を解放する環境をつくること。

文化というものは、ひとりで且つ瞬間的に形成できるものではなく、多くの人に、長い時間をかけて徐々に熟成されていくものだと思っています。人の暮らしを豊かにするための「つくる」という生業はとても創造的なものだと思うので、その創造性を解放するような環境づくりをしていくのが僕の当面のテーマです。

To make is to build an environment that unleashes human creativity.

Culture, in my view, isn't something that one can generate instantly by yourself; it matures gradually over extended periods that involve a diversity of individuals. To enhance human life, even just a little bit, requires profound creativity. My focus lies in creating environments that unleash this creativity.

© デッドストック写真倶楽部

MAKER

09

家業の製陶と設計を組み合わせる

水野 太史

水野太史建築設計事務所／水野製陶園ラボ代表

Futoshi Mizuno , Futoshi Mizuno Architects, MIZUNO SEITOEN LAB.

つくるとは、世界を変化させること。

ここでいう「世界」とは、環境や他人や他の生物などの自分以外のあらゆるものの総体のことです。自分の身体と感覚を通して世界を感じて、そこから何かできないかと考えて世界に対して何か物理的に行動を起こし変化させること。それが、つくることだと考えます。

To make is to transform the world.

Here, by 'world,' I refer to the entirety of everything beyond oneself, encompassing the environment, people, and all other living beings. Experiencing the world through one's body, using all one' s senses, contemplating possibilities, and taking physical action to induce change into the world—I consider this act of making.

MAKER 10

石積みの風景を支える技術

真田 純子　石積み学校代表理事／東京工業大学教授
Junko Sanada, Dry Stone Walling School of Japan, Tokyo Institute of Technology

私の活動は、石積みの修復をメインにしているので、「つくる」という能動的な意識は実はあまりありません。先人の作ったものを、今の暮らしに合うよう改良しながら修復する。その際、そこでとれる石に相応しい積み方を模索する。石を積む作業は、そこの自然や歴史に自分を埋め込むことだと考えています。

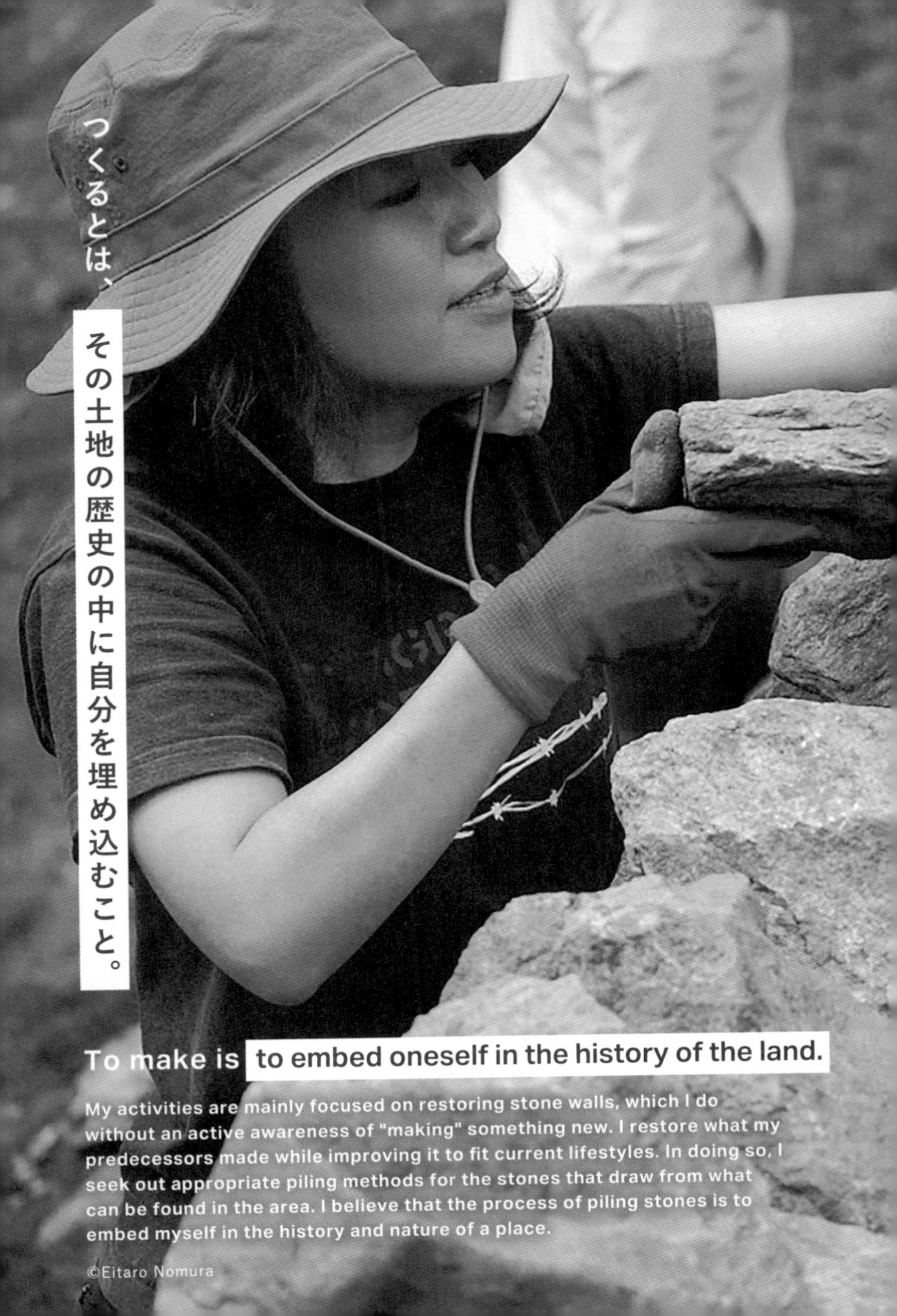

つくるとは、その土地の歴史の中に自分を埋め込むこと。

To make is to embed oneself in the history of the land.

My activities are mainly focused on restoring stone walls, which I do without an active awareness of "making" something new. I restore what my predecessors made while improving it to fit current lifestyles. In doing so, I seek out appropriate piling methods for the stones that draw from what can be found in the area. I believe that the process of piling stones is to embed myself in the history and nature of a place.

MAKER

11

ポスト・デジタル時代の建築のあり方

平野 利樹　東京大学特任講師
Toshiki Hirano , Project lecturer, The University of Tokyo

つくることは、アクターとアクターの相互作用だと思います。自分が完全に全てを決める特権的な存在になるのではなく、他人やモノと同列のアクターとして振る舞い、他のアクターとのやりとり、フィードバックの中から何か新しいものをつくっていくということです。

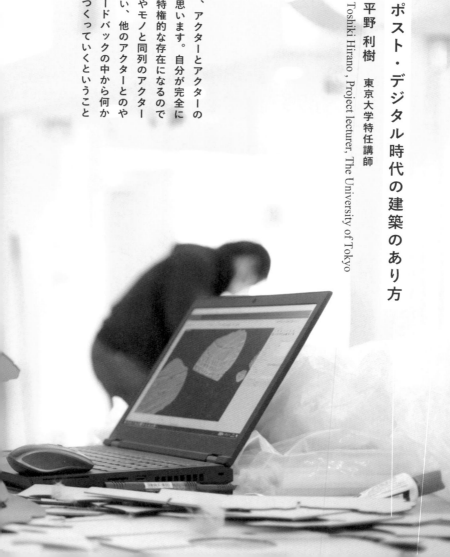

つくるとは
アクターとアクターの相互作用。

Making is interaction among actors.

I perceive making as the interaction between actors. Rather than operating as a privileged entity with utter control of the decision-making process, the maker is an actor who resides on the same level as other people and objects, and creates something new out of the interactions with and feedback from other actors.

MAKER

12

手で考え身体でつくるデザインビルド教育の実践

山本 裕子　ユタ大学講師／DesignBuildUTAH@Bluff 共同ディレクター
Hiroko Yamamoto, Adjunct Assistant Professor at the University of Utah,
Co-Directors of the DesignBuildUTAH@Bluff program

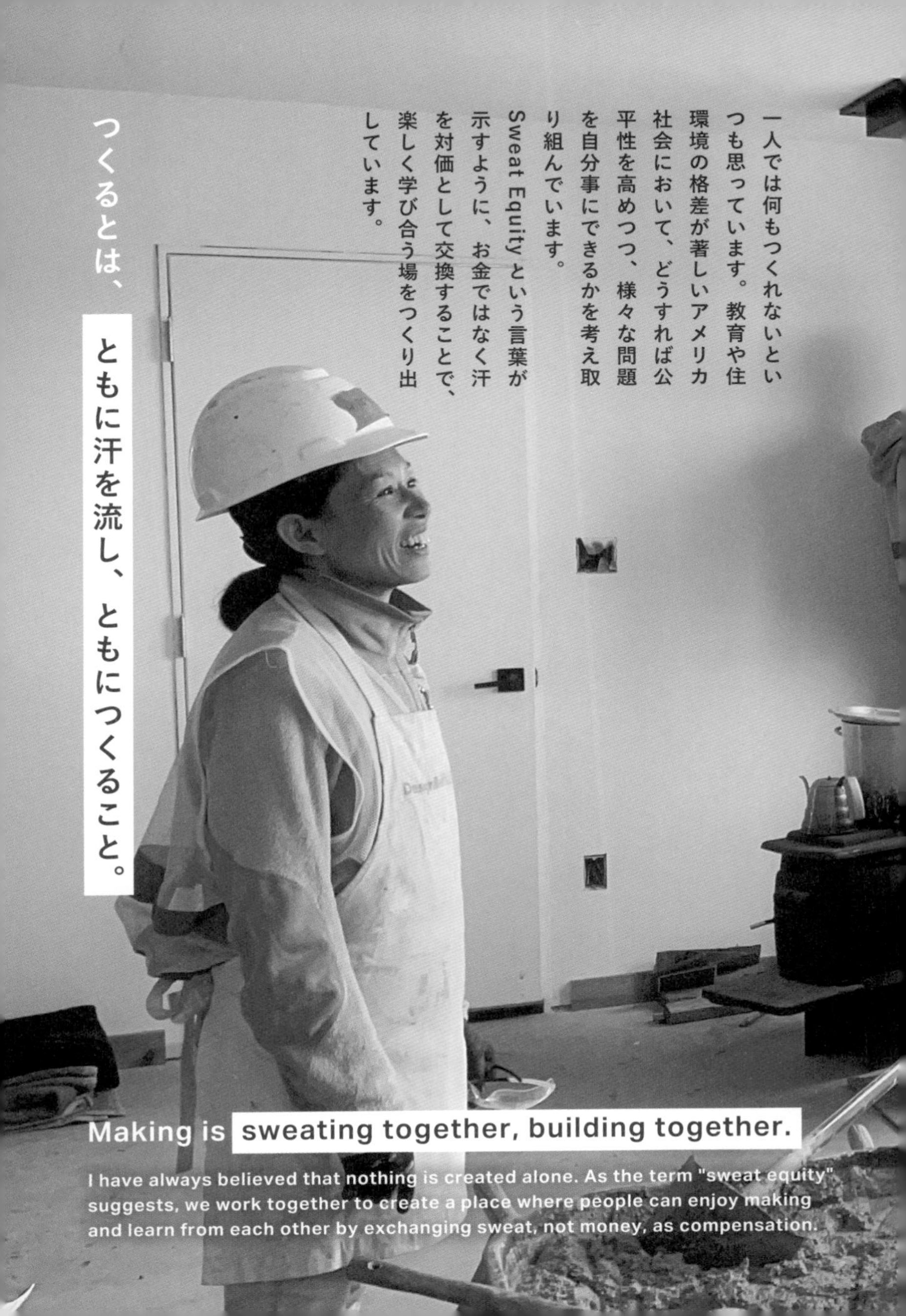

つくるとは、ともに汗を流し、ともにつくること。

一人では何もつくれないといつも思っています。教育や住環境の格差が著しいアメリカ社会において、どうすれば公平性を高めつつ、様々な問題を自分事にできるかを考え取り組んでいます。Sweat Equity という言葉が示すように、お金ではなく汗を対価として交換することで、楽しく学び合う場をつくり出しています。

Making is sweating together, building together.

I have always believed that nothing is created alone. As the term "sweat equity" suggests, we work together to create a place where people can enjoy making and learn from each other by exchanging sweat, not money, as compensation.

目次

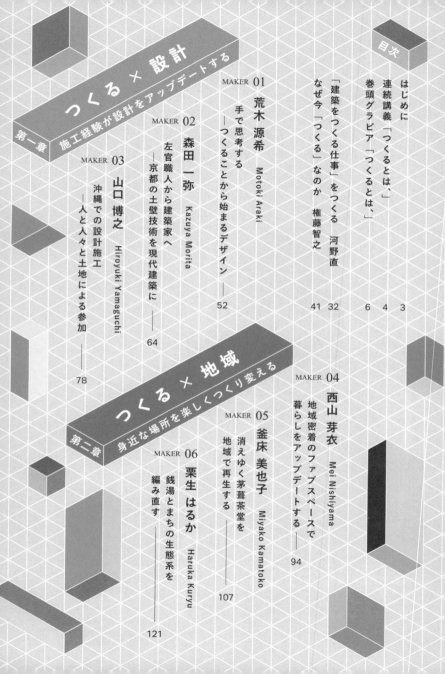

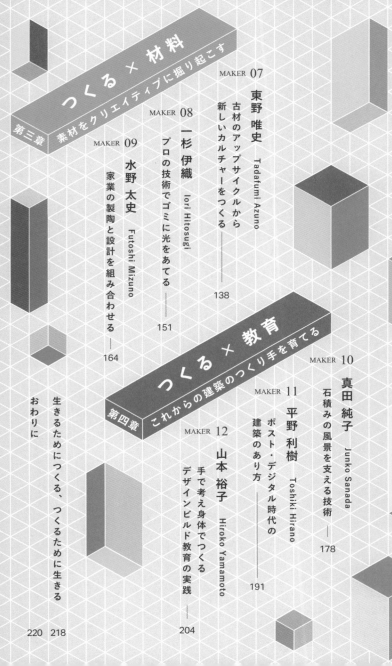

「建築をつくる仕事」をつくる

河野直

2010年、大学院を出たばかりの私は、どの設計アトリエにも建設会社にも就職しない選択をした上、無謀にも「工務店」を起業する決断をした。設計者と施工者両方の立場で、素人をも巻き込みながら、実物の建築空間を自分たちの手でつくりたいと思った。それを実現するには、工務店を起業する以外の選択肢が、当時の私には思い浮かばなかった。参加型リノベーション[注1]を専門とする、つみき設計施工社という名前の小さな工務店を起業した[図1]。

それから14年経つ今も、幸いなことに、当時生み出した「建築をつくる仕事」で生きている。昨今は、つみき設計施工社の仕事と並行して、建築を「つくる」ことに焦点を当てた連続講義にも携わるようになった。本書のベースにある連続講義「つくるとは、」である。振り返ってみると、これらの歩みの原点には、14年前の決断がある。

26歳だった私は、

―なぜ「建築をつくる仕事」を自らつくる選択をしたのか?―

振り返りながら、考えてみたい。

建築を「つくる」原体験と「つくらない」大学教育への疑問

建築を「つくる」仕事に初めて触れたのは、京都の小さな設計事務所でバイトを始

注1　参加型リノベーションとは、住宅・店舗・公共空間を、設計者・職人・住まい手らが、学び合い、ともにつくるリノベーションである。閉じられた現場の一部をDIYワークショップとして解放し、学びと共創の場を生み出す。

図1　つみき設計施工社創業時の集合写真

めた大学2年生の時だった。最初の1ヶ月はトレーシングペーパーにひたすら図面を描く仕事だったが、やがて事務所が手がける町家改修現場に出入りする職人の手元（手伝い）を任されるようになった。現場の清掃、木材の加工と運搬、土壁剥がしと練り直し、土壁や漆喰の下塗り、壁のビス打ちなど、様々な施工を体験した。当時一番お世話になったのが、有名工務店での修行を経て独立したばかりの大工、相良昌義さん（現・相良工務所代表）だった。現場での仕事は体力的に辛いこともあったが、自分たちの手を介して日々何かが完成していくのが楽しかった。

大学では、2年生で設計演習の授業も始まった。設計演習では「新しくて面白い建築」が「優秀作品」として評価された。「優秀作品」に選んでもらえるよう、模型づくりと図面描きに没頭した。3年生になる頃には授業と現場での仕事との両立が難しくなった。1年弱続いた現場でのバイトを辞めた後は、時間のほとんどを製図室で同級生たちと過ごした。「新しくて面白い建築」のことで頭の中がいっぱいだった。友人と組んで、設計アイディアコンペに出しては、勝ったり負けたりした。

そんな中、製図室での何気ない会話でのある言葉が、私の考えを揺さぶった。

「どうして、新しい建築とか面白い空間を目指さなきゃいけないのかわからない」

同級生の一人であり、つみき設計施工社を共に創業した妻の河野（旧姓：藤田）桃子がふと口にした疑問だった。彼女の疑問に対して答えようとしたが、自分の中に、

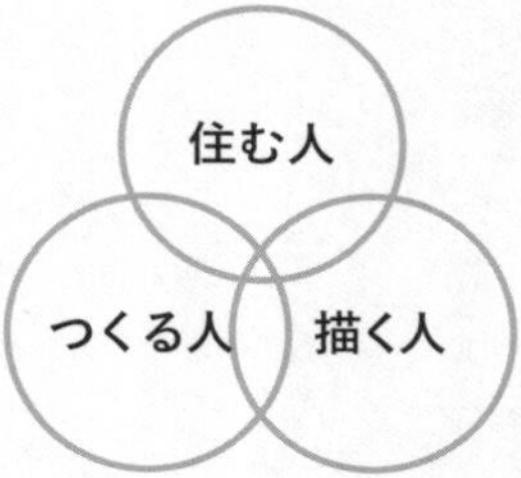

図2　「ともにつくる」概念図

その問いに答える論理が存在しないことにすぐに気がついた。未だ見ぬ建築や空間を追い求める姿勢は称賛されるべきであるし、その結果、新しい建築空間が生まれることは素晴らしいことだ。しかし、それは建築が生み出す成果の一側面でしかないのではないか。自分たちが向き合うべき、もっと大きな問いがあるはずだと思った。

―建築を通じて、どう人を幸せにできるか？―

そのことを考える時、現場でのバイトを思い出した。現場での「つくる」仕事は、ある誰かのために行われた。手がける町家に住む家族を思うことが、つくる原動力だった。一方、大学での設計演習は実物を「つくらない」ことが前提にあった。つくらないからこそ自由な発想ができたが、その設計案が「誰のため、何のため」であるのかは明確である必要はなかった。語る必要があれば「でっちあげる」ことができた。誰かを想いつくる喜びと、大学でのつくらない建築教育の間で生じた小さな矛盾は、違和感となって心に残った。それは、大学院を卒業するまで解消されることはなかった。

どこにも就職せず、「ともにつくる」工務店を立ち上げる

大学院を卒業した後、東京の設計アトリエや組織事務所の試用期間で働いてみたものの、やりがいを見出すことができず、数週間で辞めさせてもらった。同じ頃に妻も

図3　洋菓子店舗の工事風景

図4　店主の父親も左官工事を行った

就職活動を辞め、2人とも無職になった。都内の賃貸アパートで、建築を通じて自分たちは何をやりたいのか、時間をかけて考えた。

「ともにつくる喜び」とノートに書いた時、やりたいことはこれかもしれないと思った。設計者・職人・施主が、学び合って、建築をともにつくる。施主参加型のリノベーションを専門とする建築の会社を、自分たちでつくろうと思い立った［図2］。それを実現するには、自分たちの施工知識だけではあまりに乏しかった。京都でお世話になった大工の相良さんに、数年ぶりに電話をかけた。アイディアを伝え、協力を求めた。「面白い、やってみよう」その一言で、受け入れてくれた。

間もなくして、相良さんが京都を離れてから活動拠点を置く千葉県市川市に、私たちも住まいを移した。2010年7月より「ともにつくる小さな工務店、つみき設計施工社」と屋号を掲げ活動を開始した。ウェブを立ち上げ、名刺を何百枚と配ったが、まったく仕事にならずバイトをして食いつないだ。初めて成約したのは、起業から半年後だった。都内の一軒家の玄関、約一畳分を洋菓子屋さんに改修する仕事だった。施主と何度も練った設計案をもとに、相良さんが主な大工工事を進め、私たちと施主で内装工事と造作を進めた［図3］。工期は延び、職人や近隣の方に叱られることもあった。1ヶ月弱ほどで小さな洋菓子屋さんが完成した。思い描いた「建築をつくる仕事」が初めて形になった瞬間だった。思うように工事が進まない苦労も多々あったが、施

図5 〈123ビルヂング〉でのマルシェイベント

図6 〈Pハイツ〉忍田さん指導の床はりワークショップ

主と家族、大工、設計者が一体となって空間をつくり上げることの達成感が心を満たした[図4]。完成翌日のつみき設計施工社のブログには、こんな言葉が書き残されていて、今も読み返すことがある。

「住まいをつくることは、喜びに満ち溢れている。その喜びは、関わるすべての人で分かち合うことができる。」

「ともにつくる」建築の活動の広がり

こうして参加型リノベーションの実践が始まった。依頼があれば、関東ならどこへでも行った。工事には施主だけでなく、家族や友人、地域住民らも参加するようになった。参加型リノベーションを通じて、空間と人、人と人の強い絆が生まれることもわかってきた。起業から5年ほど経った頃、その効果をもっと実感するには、エリアを絞る必要があると考えるようになった。自分たちが住むまちに対象を狭めることで、生まれる「つながり」が日常の中で継続するのではないか、自分たちもその日常の一部になれるのではないかと考えた。2015年には、ブログやSNS、ウェブなどで、市川市内で集中的に参加型リノベーションを行うことを宣言した。以下、市川市内のプロジェクトをいくつか紹介したい。

図7 〈セキスイハイム M1 住宅〉
住まい手の湊麻未さん（右）と誠也さん（左）

図8 韓国での DIY ワークショップ
現地主催者の Yoon Zoosun 教授（右）と筆者（左）

〈123ビルヂング〉は、2015年にオープンした市川市内初のビル一棟シェアアトリエである。10年近く空き家だった3階建てのビルを隣町の松戸市に拠点を置くomusubi不動産との協働でコンバージョンした。清掃や共用部の内装や修繕をワークショップを通じて行った。オープン以来、市内近郊のクリエイター、アーティストらが入居し、満室状態が続く［図5］。

〈Pハイツ〉は、市川市の北部にある築40年の賃貸マンションである。これまでに手掛けた4戸の居室のリノベーションでは、新しい入居家族を出迎えるかのように、マンションに住む子供たちや両親が次々にDIYの手伝いに現場に駆けつけてくれた。DIY以外の大工工事は主に忍田孝二さんが担った。彼の仕事ぶりを身近に見たり、時に直接教わることで、つみき社員もワークショップ参加者も、施工技能に関する多くを学んだ［図6］。

現在は、〈Pハイツ〉から徒歩10分ほどの住宅街にある〈セキスイハイムM1住宅〉でも参加型リノベーションに取り組んでいる。〈セキスイハイムM1住宅〉は約50年前に建設された鉄骨ユニット住宅である。住まい手である湊麻未さんは3人の子供の母であり、アーティストである［図7］。彼女独特の色や形のセンスを、内外装の至るところに散りばめるように設計を進めた。市川市内などに住む友人が毎週のようにDIYの手伝いに訪れ、シルバーや原色など色とりどりのペンキで家を彩った。

図９　The Red Dot School 2023 秋スタジオでの解体祭

図10　ハンディハウスプロジェクト加藤さんの現場（提供：加藤渓一）

２０２４年５月現在までの、市川市内での参加型リノベーション案件は60件に上る。現場でのワークショップには常連の顔ぶれも多い。60件のうち40件が店舗であり、事業継続率は９割を超えている。ともにつくることで生まれた空間への愛着や人とのつながりが、その場所が長く愛されることに、少しでも貢献しているとしたら嬉しい。

最近は、市川市内での継続的な活動と並行して、建築を「ともにつくる」モデルを世界に広げることにも挑戦している。２０１９年からは韓国でのＤＩＹワークショップの導入と普及を、現地の研究所や大学との連携で進めている［図８］。また２０２３年には一般社団法人 The Red Dot School を広島県三原市・佐木島を拠点に立ち上げ、国内外の大学生に向けた建築デザインビルド教育を開始した［図９］。初年度は数度のスタジオを通じて、６ヶ国から１００名ほどの学生を佐木島に受け入れ、参加型の建築解体や施工などにも取り組んだ。

「つくる」を取り戻す世代

つみき設計施工社の活動を始めてしばらくすると、「つくる」ことを建築の活動の根幹におく同世代の存在を知るようになった。ReBuilding Center JAPAN の東野さんや西千葉工作室の西山さんなど本書に登場する実践者以外にも、個人的に大いに影響と

図11　パーリー建築の工事現場。左端が宮原さん（提供：宮原翔太朗）

図12　marumo工房・金澤さんの左官ワークショップ

刺激を受けた人物がいる。加藤渓一さんは、「妄想から打ち上げまで」をモットーに、施主参加の設計施工を手がける建築家集団ハンディハウスプロジェクトの創始メンバーである［図10］。大学で建築を学んだ後、アトリエ勤務を経て活動を開始した2011年当時のことを「設計者・施主・施工者のヒエラルキーは誰も幸せにしない。偉そうな設計者になるのではなく、楽しく建築をやりたかった」と振り返る。宮原翔太郎さんは、尾道での空き家再生現場に従事した後、全国各地でパーティをしながら空き家を改修する「パーリー建築」の活動を2014年に開始した［図11］。「現場の様なつくり途中の場所には魅力があり、それだけで人が集まるきっかけになる。人が集まる場所さえつくることができれば、自分たちは生きていける」と思い活動を開始したと言う。金澤萌さんは、大学卒業直後から師事してきた親方から2013年に左官職人として独立した。「左官をもっと身近なものに」をテーマに掲げ、タイル貼りや左官仕事のDIYワークショップでの指導を行う［図12］。「つくる」ことの価値を見直し、「つくる」行為を自身の手に取り戻し、その魅力を人々に解放しようとする彼らの活動に、心から共感した。同時に、「同世代の先駆者たちに負けるものか」と刺激を受けた。

連続講義「つくるとは、」

つみき設計施工社の創業から10年以上が経った2021年の春頃、建築を「つくる」ことをテーマに連続講義をやってみないかと東京大学の権藤准教授からオファーを受けた。「建築をつくる仕事」を生み出す同世代や先輩たちの顔が何人も思い浮かんだ。学生の頃から今まで何を考え、どんな活動を生み出し、どこに向かうのか。彼らの等身大のストーリーを、今建築を学ぶ学生や建築の世界で働く人々に伝えたいと思った。連続講義のタイトルを「つくるとは、」とした意図は、連続講義序文「生きるためにつくる、つくるために生きる」（218頁）に込めた。

（218頁）

―なぜ「建築をつくる仕事」を自らつくる選択をしたのか？―

本書に登場する12名には12通りのまったく異なる答えがあるに違いない。DIYが一般化し、職人不足が深刻化する中で、「建築をつくる仕事」のプレゼンスは、今後急速に増していくだろう。12名の実践者が切り開いてきた生き方・働き方が、これからの建築の世界で生きるヒントになれば幸いである。

なぜ今「つくる」なのか

権藤智之

危機感と閉塞感と

2001年、建築家の石山修武は「建築家は、自前の工務店を持たざるを得ないのだ」と書いた。[注1] これは生産手段を持たない建築家の危機感であり、危機感のない建築家に向けたアジテーションでもあった。それから20年ほどが経った現在、少し違った態度で、自ら「つくる」ことを手がける建築家が目立つようになった。ある建築家は左官まで担い、別の建築家はタイルを焼く。解体材を集めたものづくりの拠点をつくり、建築のバックグラウンドがなくても、リノベーションを使った地域再生の仕組みをつくる。石山の世代の危機感と違うのは、自分がつくりたいものや場所をつくりたいからつくる自然体で等身大な態度である。

ホモ・ファーベル（工作人）とも言われるように、生来つくることが好きな人間は多い。なりたい仕事を小学生に聞けば、大工は1桁の順位に入る常連である。建築家もそうだ。これが中学生になると大工は10位以内から消える。小学生の子どもを見ていても、窓枠とベッドにシーツを洗濯ばさみで結びつけてテントのようにしたり、ソファの後ろに段ボールで屋根をかけ、穴を開けて光を入れたり、放っておいても空間をつくる。手を動かして空間をつくることに魅力を感じるからだろう。それでは中学生になるとその割合が減るのはなぜか。もちろん待遇の話もあるだろうが「屋根がほしいから段ボールでつくろう」といった「自分がつくりたい空間を自分の手でつくる」創造性が仕事のイメージの中で後退し、「設計者が指示したものをつくるだけ」といった流れ作業の一部を担うイメージに置き換わっていくからではないだろうか。

中学生のランキングでもトップ10に残った建築家はどうだろうか。近年、大学の建築学科を建築学部に繰り上げる動きが複数見られるように、学生数が減る中でも、建築学を志望する学生は多いし、入学時点では建築家を志望する学生も多い。建築家はクリエイティブで、個人として社会に影響を与える仕事ができるイメージがある。衣食住に携わるので、芸術家ほど食い扶持に困ることもなさそうだ。ただし、建築学科に進学してきた学生の自己紹介をガイダンスなどで聞いていると「ブラックと聞きましたが頑張ります」「製図室で徹夜をすると聞きましたが頑張ります」といった妙な決意を秘めた発言が目立つ。実際に徹夜をしている学生もいる。これには確かに一級建築士の資格要件を満たすために履修する講義が多いといった理由もあるが、建築設計には芸術・創造的な側面があるからである。提出前日に一通りの図面と模型が揃ったとしても、最後のひと踏ん張りと言って徹夜して模型に手を入れてしまう。締め切りを1週間延ばしたところで変わらないと思う。こうしたトライアルを自主的にやっているうちは致命的な問題にならないが（健康第一が大原則であるが）、いくら芸術でも強制されると精神的にきついし、設計はきついから別の分野にしようという話にもな

注1　石山修武「建築家が住宅に関与する価値」『GA JAPAN』No.49, 2001.3, 82〜85頁

る。社畜に引っかけて建畜という言葉がある。英語ではArchitorture（torture：拷問）と言うらしい。イギリスでは建築の学生の4分の1が精神的に疾患を抱えているとする記事もある。[注2] 設計事務所に就職しても、やりがい搾取のような状況はよく聞く。職人にしても建築家にしても、何か期待していた創造性や主体性のものがいつの間にか抜け落ちていくかのような先詰まりの閉塞感を受ける。

こうした閉塞感の背後には、建築をどんどん建てる時代ではなくなったこともあるだろう。現在、日本には800万戸を超える空き家があり、これからも人口は確実に減っていく。自治体は既に多くの公共施設を抱えていて老朽化したものも多いが、財政難で建て替えどころか維持管理に支障をきたす場合もある。逆にお金を支払って引き取ってもらうマイナス入札まで登場した。[注3] 建物が余るなかで、新築を建てることが、そもそも社会的に良いことなのかという考え方も出てくるだろう。徒弟的な修行時代を耐えて、住宅を設計してデビューし、その後は大きい建物を自分の力で建てていく。職人でいえば下積みを経て技能を身につけて独立し親方になる。人口縮小局面において、こうした発展的な将来展望を描きにくいし、それが良いことなのかも揺らぎ始めた。このように従来型の建築生産には閉塞感がただよっている。

注2
https://www.dezeen.com/2016/07/29/quarter-uk-architecture-students-mental-health-issues-student-survey-education-architects-journal/

注3　「マイナス入札」と土地の価値（「日本経済新聞」2019年3月25日朝刊）

現代の新しいつくり方

閉塞感の中でも、新しい建築のつくり方は模索されている。現在そうした動きが活発な分野として、例えばコンピューテーショナルデザインやデジタルファブリケーションといった情報化技術を用いる領域がある。ライノセラス＋グラスホッパーをはじめとする3Dモデリングやビジュアルコーディングのソフトを使えば、複雑な形状を自動的に設計できるし、プラグインを追加して最適化や構造・環境のシミュレーションも行える。3DプリンタやCNC加工機と連動させれば、複雑な形状であっても精密な加工が可能だ。こうした新しい建築のつくり方に挑んだ建築家の代表がフランク・ゲーリーである。

グッゲンハイム・ビルバオやウォルトディズニーコンサートホールなど、曲面を多用した建築を実現するため、フランク・ゲーリーはダッソーシステムズ社の航空機用CADであるCATIAに目を付けた。これによって複雑な形状を設計しても、設計したデータから鉄骨を加工するデータに変換できるようになる。その後も、技術や人材を蓄積し、ゲーリー・テクノロジーズという別会社をつくり、他の建築家のサポートも始めた。フランク・ゲーリーは、新しい技術を用いてこれまで実現できなかった建築を実現するだけでなく、建築家が「つくる」ことまで踏み込み職能を拡張しうることも示した。

考えてみると、建築に関わる職業は分業化してきた。例えば、戸建住宅であれば、大工、サッシ、クロス、電気、水道など、30から40くらいの職種が作業をする。高層ビルになると分類にもよるが200職種くらいが働いていると言われる。分業する理由は効率化のためである。アダム・スミス『国富論』の冒頭にピンづくりの話がある。ピンづくりは18の工程からなり、すべて1人でやると、1日20本のピンしかつくることができない。アダム・スミスが訪れた工場では、10人がそれぞれ別の作業をして（1人が2、3の工程を担当することもある）、1日あたり4万8千本のピンを製造していた。分業によって1人あたりの生産性は240倍に向上したことになる。

設計と施工に分けるのも1つの分業である。それぞれに専門知識が必要だし、分業化した方が効率がよいのもたしかであるが、公共工事などで設計施工分離が原則とされるのは、設計者は発注者の代わりに施工者を監理する立場であるからである。施工者を監理する設計者が、施工者と同じではきちんと監理できない。日本建築家協会でも設計施工一貫体制を基本的に認めないとしている。

しかし近年、公共建築においても、設計に施工者の協力を求める事例が見られ始めた。例えばザハ・ハディド案が廃案となった後の新国立競技場のやり直しのコンペではIPD（Integrated Project Delivery）が条件となった。具体的には、設計者と施工者がコンソーシアムを組んで、コストや工期について明確にした上でコンペに参加することが条件とされた。現代の大型プロジェクトでは求められる性能なども高度化し、設備、構造など様々な知識が要求されるとともに、コストや工期などが不透明になることも多い。こうした場合、設計段階で、「どのようにつくるか」に関する情報が不十分だと、施工が始まってから様々な問題が発生する。日本は設計施工一貫の建築生産が広く行われてきたが、設計施工分離が原則であった欧米でも、パートナリングなどと呼ばれ、設計者、施工者などの主体が敵対的な関係ではなく協調的な関係を築き建築生産全体の効率を上げるような試みが見られる。[注4]

注4　志手一哉ほか『現代のプロジェクトマネジメント』彰国社、2022年

住民や利用者の参加と地域

設計と施工の境目を取り払うような動きが見られるのと同様に、建築をつくる側と使う側の境界もあいまいになっている。例えば、住民や利用者の声を設計に取り入れようとする動きが活発である。公共建築であれば、住民と建築家がワークショップを行いながら使い方を検討することが一般化した。社会が包摂型（インクルーシブ）になるなかで、多様な住民・利用者の意見を取り入れて建築を計画することは欠かせなくなっているし、建物に対する愛着形成の面からも効果があるだろう。また、多様な

サービスが求められる一方で、自治体の予算には限りがあり、住民自らが関わることはこうした側面からも重要である。端的に言えば、需要は多様化するが予算はない。こうした課題に対する一つの解決策は、それぞれの利用者が自ら求める建築やサービスを自らつくりだし、行政はそれに手を貸すことである。[注5]行政がラスト1マイル、1メートルを担うのではなく、住民・利用者に権限を委譲したり、情報や道具を渡して手を動かしてもらうことは、費用をかけず住民の要求にこたえ、さらには愛着形成にも寄与する有効な手段と考えられる。建築家や関係する専門家がこうした動きと関わるためには、単に設計して終わりという従来のやり方ではなく、住民からの様々な要望を吸い上げたり、住民とともにつくる場を運営するような新たな専門家像が求められる。

こうした建築家像は、従来のような華々しい建築家像、大規模な建築を手がけるような建築家像とは異なる。従来の建築家にはいわゆる作風があり、打ち放しコンクリートや木のルーバーなど、発注者側も作風に沿った設計を期待している。このシステムは、その土地の材料を使うといったバリエーションがあるにしても、多くの地域に水平展開が可能な設計の手法だった。一方で、ある地域に根をおろして、そこで暮らしながら継続的に建築を手がける建築家も見られるようになった。住民とワークショップを重ねたり、運営まで関わるといったことになれば、世界各地を飛び回るよ

注5　若林恵『次世代ガバメント』日本経済新聞出版、2019年

りも、ある地域で継続的に活動をする方が現実的である。「わが町にも、海外のどこどこと同じデザインを」といった期待もなければ、地域でしか実現しない建築へも近づくだろう。

自己実現としての「つくる」

日本では設計施工一貫の建築生産が広く行われていると書いたが、ゼネコンにしても工務店やハウスメーカーにしても、施工者が設計まで手がける、社内に設計部門があるというのが実状に近い。一方で、本書でとりあげる「つくる」ことを手がける建築家というのは、元々設計者であった人間が施工まで手がけるという意味で向きが逆である。それでは近年、なぜそうした動きが起こっているのだろうか。

設計施工分離の文化が根強いアメリカでデザインビルドに取り組むピーター・グラックは、設計と施工の両組織を持ち、人材も相互に行き来させるなど、ALDB（Architect Led Design Build）と呼ばれる先駆的な活動をしている。[注6] ピーター・グラックは、若い頃にイェール大学のデザインビルドプログラムに参加して、卒業後は竹中工務店に勤めたこともある。中でも興味深いのは、彼の事務所は活動の一定割合を、NPOなど社会的に意義のある建設活動に費やす。考えてみると、たとえば設計事務

注6　岡本圭介「New Yorkで見つけた棟梁精神　GLUCK+の設計施工マネジメント」『建築士』2020年9月号、18〜21頁

所単体でこうした活動を企画しても、コストが厳しければ仕事を請けてくれるところないだろうし、元々コストが厳しいところで工夫をするには、施工にも何らかのかたちで関わる必要がある。何かつくりたいものをつくるには、分業とは逆に、何かつくることに関わった方が効率的とも言えるだろう。

そうしたことに参入する障壁も低くなっている。既に述べたデジタルファブリケーションの登場で、何年も修行しないと精度よくつくれないといったこともなくなった。新築で綺麗につくるわけではないので、リノベーションでは多少むらや隙間があっても大丈夫だし、SNSを通じて情報を発信すれば、小規模な事務所でもクライアントは見つかる。これまで設計のみにしばりつけられてきた制約も外される中で、それこそ子供の頃にいだいていたような根源的な欲望がかたちになりつつあるのではないか。設計して終わりではなく、つくったり、使うプロセスにも関わりたい。本書に登場する職能や取組みは、細分化された建築生産を見直し、建築に関わる仕事の全体性を取り戻そうとする動きと理解できる。

第一章

つくる×設計

施工経験が設計をアップデートする

MAKER 01

荒木源希　Motoki Araki

（株）アラキ＋ササキアーキテクツ／モクタンカン（株）代表

Araki+Sasaki Architects, Moktankan

1979 年東京都生まれ。2004 年東京都立大学大学院建築学専攻修士課程修了。2004 ～ 07 年アーキテクトカフェ・田井幹夫建築設計事務所勤務。2008 年～アラキ＋ササキアーキテクツ一級建築士事務所共同主宰。2015 年～ ICS カレッジオブアーツ非常勤講師。事務所内に工房を構え、設計とつくるが並走する。設計から派生した木製規格部材モクタンカンを販売。2020 年「朝霞の 3 棟再整備計画」で住宅建築賞奨励賞、2022 年「国立の家」でグッドデザイン金賞。

MAKER 02

森田一弥　Kazuya Morita

森田一弥建築設計事務所主宰／京都府立大学准教授

Kazuya Morita Architecture Studio, the University of Kyoto Prefecture

1971 年生まれ。愛知県出身、1995 年京都大学建築学科卒業、1997 年京都大学大学院工学研究科修了、1997 年～ 2001 年「しっくい浅原」に入門、左官職人として京都御所などの文化財建築の修復工事に従事、2000 年森田一弥建築設計事務所を設立、カタルーニャ工科大学留学などを経て、2020 年より京都府立大学准教授。伝統的建築技術を現代の建築に応用する建築設計や技術開発、文化財建築物の改修設計などとともに、一般の人が建築技術に触れるワークショップを国内外で手がける。

MAKER 03

山口博之　Hiroyuki Yamaguchi

（株）建築意思代表取締役

Architecture ici

1977 年三重県生まれ。2001 年京都精華大学美術学部デザイン科建築専攻卒業、2006年に沖縄に移住し、2007年建築意思設立。沖縄県本島を中心に設計・施工を行っている。家主本人が家づくりの現場に関わることを前提にしたときに、設計（計画）、建築家の職能、工務店のあり方がどのように変わるのか、に興味がある。

手で思考する
つくることから始まるデザイン

MAKER 01 荒木源希

アラキ＋ササキアーキテクツは一見、今風のアトリエだが、手を動かしつくるアプローチが随所に見られる。職人とやり取りしてディテールを決め、土ブロックなどの素材を試し、モクタンカンというプロダクトも開発する。事務所には工房もある。独立後の self-build 期を抜け出し、設計を主軸としつつ、つくることを取り入れる"Hands-on" approach 期へ、荒木は設計とつくることのバランスを見いだしてきた。

「つくること」に興味を持ったきっかけ

2004年に大学院を出た私は、就職できず半年間のフリー期間を経て、設計事務所に勤めました。2年半ほど働いた後に退職して、また半年間くらい沖縄でテント暮らしをしてから、アラキ＋ササキアーキテクツという事務所を始めました。佐々木夫妻と僕の3人が代表の設計事務所です。

設計事務所を始めるときに「僕たちの特徴って何だろう」と考え、設計方法論をつくりました。それが、「状況から発見する」「手で思考する」「根拠ある判断を積み重ねる」の3つです。今回は主に2つめの「手で思考する」に着目します。大まかに言うと、積極的に手を使ってドローイング、模型、試作などを制作し、思考の幅を広げ、頭で考えたことと手で考えたことを融合させて、一つの形ある建築をつくろうとしています。

まず、活動を始めたきっかけについて話します。すごく生活感がありますが、図1は実家のダイニングテーブルです。6人家族で4人掛けのテーブルを使っていたのですが、小学生のときに「いいかげん狭いだろう」という話になり、親父とホームセンターへ行って三六版の集成板を買ってきて、切って乗せたらすごく便利になりました。こうやって自分で何かをつくると、生

図1　実家のテーブル

図2　トリマー作業

活がすごく変わるという経験が記憶に残っています。

もう1つは、中学生の図工の授業でカセットテープボックスをつくる課題が出たときのことです。木の小口をやすりできれいにすることに熱中してしまい、毎日のように放課後は図工室へ行き、ひたすら木をやすりがけしていました。

それから、就職して先輩の仕事を引き継いで初めて現場監理へ行ったとき、13mもの鋼管杭が10本も20本も地面に打ち込まれるのを目の当たりにして、「この杭は、今日この地面に入ったら、もう二度と出てこないんだ」ということに気づいて愕然としました。このと

きの「建築とは後戻りのできない影響を地球に与える行為で、設計とはそれに関わること、責任を持つことなんだ」という感覚も、今の僕のベースにあると思います。

その事務所を辞めて、半年のテント生活も終わった後に、ちょうど佐々木夫婦が展覧会の会場設営の仕事をやっていて、誘われて一緒に断熱材を体感するようなソファをつくりました。図2は、僕がトリマーを使って断熱材の図面記号のような模様を加工しているところです。事務所を始めて最初の仕事では、時間もあったし、溶接の経験もあったので、自分たちでレストランのテーブルと椅子を鉄で製作しました。

図3　〈Akubi〉ファサード

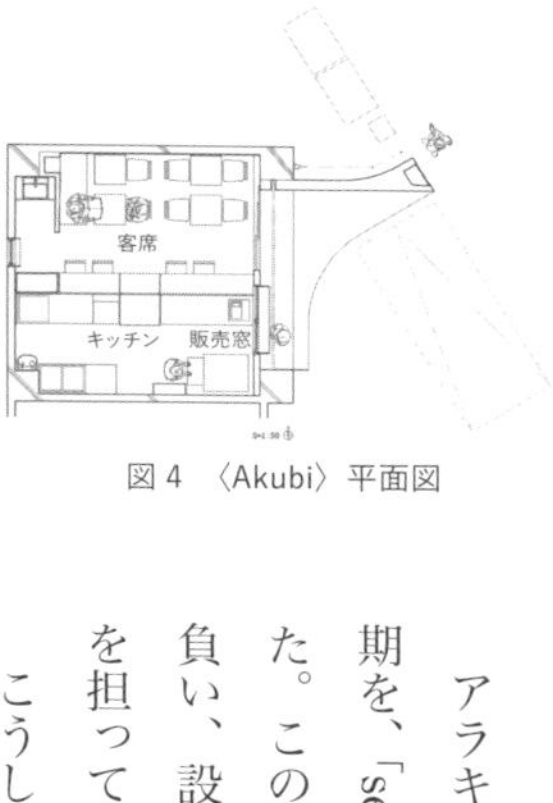

図4　〈Akubi〉平面図

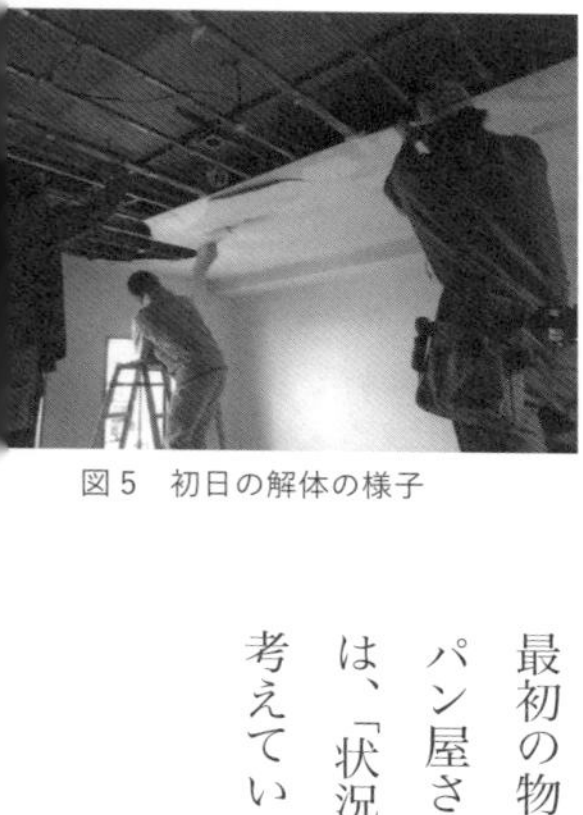

図5　初日の解体の様子

ただ、自分で溶接してもぐらぐらするのはなかなか納まりませんでした。

self-build 期―設計から施工まですべてを手掛ける

アラキ＋ササキアーキテクツの最初期を、「self-build 期」と名付けてみました。この頃は本当に工事をすべて請け負い、設計から施工、監理まで、全てを担っていました。

こうしたことを意識的に取り組んだ最初の物件が〈Akubi〉という、小さなパン屋さんです［図3、図4］。設計としては、「状況から発見する」ことをいつも考えているので、地域、立地、動線といった状況を読み取ろうとしました。道路から見て、人を呼び込むような庇と壁を出して、これが店内からだと自販機の裏が見えないように隠しています。壁の道路側がショーケースのようになっていて、自販機と並んでいます。壁の形は、内側に車1台が停められて、地下のガス管を避けるようになっています。

当時は現場のことを何も知らず、日曜日にもかかわらず申請を出さずに解体工事を始めて、管理人さんにひどく怒られたりしました[図5]。次の日からはネクタイを締めて掃き掃除から始めるようにしたのですが、そんな状態からのスタートでした。このときは、設備屋さんから左官屋さん、家具屋さんまで、全部分離発注をして、自分たちで監理をしました。佐々木たちと塗装をしたり、フローリングを張って、それをお客さんが確認をする、という感じで、何から何まで自分たちでやりました。

図6 〈STOUT new ladies shop〉内観図

次に、〈STOUT new ladies shop〉という地下のショップの内装をしました[図6]。ここでも「状況から発見する」ことを中心にしつつ、前の現場で見つけた壁の下地の枠を使って什器をつくるなど、経験を設計にフィードバックしたりもしました。この枠は他のお店に行く人に商品を見せる陳列棚としても機能します。この現場は講師をしているICSカレッジオブアーツの学生と一緒に作業をしました。ICSには工房があるので、そこでつくれるものはなるべくつくり込んでから現場に搬入しました。例えば、古材の足場板を使った棚は、小口をカットすることで、無垢材の古い面と新しい面の両方を見せていたり、アンティークの扉をぶった切って使うなど、素材も探求しながら、設計・製作・現場を進めていきました。いろいろな人を巻き込んで一つの目標に向かってつくっていくことには祝祭性があって、神輿をかつぐような体験に近いと思います。ちなみに僕らが現場に入る場合は、人工《にんく》のようなかたちで施工費をいただいています。

"Hands-on" approach 期—設計を主軸に、つくりながら考える

このくらいまで来たときに、はたと「あれ、僕たちは何をしたかったんだろう?」と思うようになりました。〈Akubi〉の頃から現場でPCを開いて図面を描いたりしていて、なかなか大変だなとは感じていましたが、施工をしていると設計する時間がなくなる状況に陥って、「僕たちは設計がしたかったんじゃなかったっけ」と強烈に感じ、そこから少しずつ動き方を調整していきました。この頃のことを、「self-build 期」に対して、「"Hands-on" approach 期」と言っています。

この時期の一番の変化は、事務所の中に工房をつくったことです[図7]。事務所の中に製作環境を整えることで、「つくりながら考える」ことができないかと考えました。工房には丸鋸など木工の工具は一式揃えていて、家具のサンプルをつくったり、後で出てくるモクタンカンの加工をしたりしています。広さは100㎡くらいの事務所の中に30㎡くらいの工房があって、〈STOUT new ladies shop〉で当時学生として手伝ってくれた岡が制作専門のスタッフとしています。

図7　事務所内工房の様子

住宅の仕事を通した気づき

この頃に事務所で初めてとなる新築住宅〈松竹台の家〉の依頼が来たこともあり、頭を切り替えてどっぷり模型のスタディを繰り返しました。108m^2の変形敷地に、2世帯7人と、犬猫2匹も一緒に住む住宅の設計で、限られた面積にどうやって大人数の居住スペースをとるかが課題でした。

できた家は、敷地が変形していたこともありますが、ボリュームを3つに分けて、間に三角形のガラスの空間を挟むような形になっています。床の高さを地面の高さに合わせて変えています[図8]。段差を入れたり外っぽい空間をはさみこむことで、すごく近くにいるんだけど、人と人の感覚的な距離感が変わって、みんなが一つの空間で生活できるんじゃないかと考えました。例えば図9だと奥に個室が見え

図 9 〈松竹台の家〉内観

図 8 〈松竹台の家〉外観（© 廣瀬育子）

図 10 〈城山の家〉鉄工事の様子

て、途中に外壁が見えたり外の光が入ってくるところがあります。奥に進んでいくとキッチンや下のフロアが見えてきます。

2軒目の新築〈城山の家〉は、鉄の職人さんとどっぷりやってみたプロジェクトです。太田拓見さんの工房で、鉄の強度はどうか、19φの無垢棒はどう揺れるか、黒皮にクリアを塗装するとどう見えるかなど、いろいろ確認していきました[図10]。鉄って意外にしなって柔らかいことも知りました。現場も大工さんと一緒に相番で入ってもらって、階段のささら、庇のフレーム、薪ストーブの遮熱板、手すりといったものを、ひたすら鉄の職人さんと一緒につくりました。写真で見える黒い部分はだいたい鉄です。設計としては四間四方の無柱空間の真ん中にトップライトがあって、家がどう変わってもトップライトが残るような考え方をしています[図11]。

図11 〈城山の家〉トップライト

施主と一緒に家づくり

〈網代の家〉では、施主から「自分が可能な限り建築の作業に関わりたい」「建築の成り立ちを知りたい」という明確な意思表示をもらいました。私たちの仕事の仕方を知って、自分たちも一緒にやりたいといって相談がきた初めてのプロジェクトでした。施主の親戚のおじさんで、シゲルちゃんという人がいて、木材は彼が住んでる山から切り出して、製材し、友人の家具工場で乾燥させてから現場へ運びました。かたや事務所では、施主と一緒にできるよう、施工しやすく見た目もよくて強度も十分な壁の張り方をスタディしていました［図12］。また、現場の土を使ったレンガづくりも試行錯誤し、現場で施主と仲間と一緒にレンガをつくり、薪ストーブの周りに積みました。現場では基礎工事のときに大量に土が出ますが、処分するとお金がかかるしもったいないので、それを活用することを考えました。その他にも、籾殻を壁に入れて断熱材として使いたいという施主の希望を受けて、壁をどうつくるかモックアップで試しながら考えました。昔はどうやって籾殻を詰め込んでいたかという情報を仕入れてきて、壁の上と下に蓋をつけてきちんと入っているか確認できるようにしたり、後でメンテナンスできるようにもしています。

図12　〈網代の家〉 DIY の様子

　この家は２０１３年に完成しました。その後も施主が自分で倉庫や農作業の休憩小屋をつくったり、僕らも依頼されて勉強机や三和土、ウッドデッキをつくりました。施主と一緒に、今も進化している家です。

　この頃から、長い「時間」に向き合うことと、半人工／半自然のような「素材」に興味があると少しずつ意識し始めました。「時間」のことを特に意識したプロジェクトが、〈朝霞の3棟再整備計画〉です。母屋を改修し、並びの石蔵と別棟を壊して、家族の遺品を管理する倉庫みたいな建物を建ててほしいという要望でした。しかし現場を見て話を聞いているうちに、家族の記憶を保存するということであれば、この石の蔵をアイデンティティとして残し、１階の

図 13 〈朝霞の 3 棟再整備計画〉外観（© 高橋菜生）

半分をギャラリーとして使って遺品を展示して見てもらう場所にしませんかと提案して、こうした形になりました［図13］。

素材については、新築部分にも石蔵と同じ大谷石を使いたいと考えて、事務所で大谷石の粉を混ぜ込んだモルタルのサンプルをつくって、それを参考に左官屋さんに洗い出しで施工をしてもらいました。

〈極楽寺の家〉［図14］でも、施主と一緒にたくさんの作業をしました。先ほど話したシゲルちゃんの山に木をもらいに行ったり、フレキシブルボードを塗装して張ったり、土のレンガをつくったりしています。もともと網代の家の施主と知り合いで、お互いの現場で一緒に作業していました。それで「木を使いたいならシゲルちゃんだよね」となって、相談して使えることになりました。施主が現代美術家で、既製品タイルにクジラの絵付けをして焼き付けたものをバラバラに張って、集めると実はクジラになるようなこともやっています［図15］。また、この家もつくって終わりではなくて、カーテンのフックやそれをつくるための道具をつくったり、アルミを折り曲げて石鹸置きをつくったり、自分の家の地図を柄にしたカーテンをつくったり、施主自身が長い時間に向き合って暮らしをつくりあげています。

施主が家づくりに関わることで、家づくりがどんどん身近になり、それをずっと続けていける状況をつくれたと思っています。今、建築をつくるということが生活からかけ離れてしまっていますが、それをどんどんと近づけていきたいと思って活動しています。

図14 〈極楽寺の家〉外観（© 高橋菜生）

図15 〈極楽寺の家〉お風呂タイル

半人工／半自然的な素材

最後に「素材」について触れておきたいと思います。たとえば、モルタルの型枠に木の破片をはめ込んでつくったブロックがあります。こうすることで、少し自然の木の表情が映ったもの、つまり人がつくっていても自然に見える素材をつくれます。先ほどの石蔵でスリーブを通すために大谷石を円筒形にくり抜いたものも、幾何学的なかたちにすることで、自然にある不定形の石の塊とは違って見えたり、そうしたものに惹かれます。個人的な好みで言うと、僕は塊みたいなものが好きなんです。木でも、鉄でも、石でも、土でも、無垢で混ぜものがないような塊が。そうしたものの質感としての存在感が好きで、意識して使うことが多いです。

僕のやっている「モクタンカン」[図16]というのも、半人工／半自然的な「素材」だと思います。これは団地のリノベーションプロジェクトで、「鉄の単管パイプを使ってインテリアをつくってほしい」という施主のリクエストからできました。家で仕事をする方だったので、ワークスペースはそれでいいけど、リビングや生活空間に鉄のパイプがあるのは硬すぎるのではないかと思い、現場で木の丸棒を使ってみよう

図17　モクタンカンをファサードに使用した〈阪東橋の平屋〉（© 中村晃）

図16　モクタンカン

というアイディアが出てきたのがきっかけでした。挽物屋さんに直接依頼してつくってもらい、ワークスペースは単管、リビングはモクタンカンという家を設計しました。そのほか、ファサードにも使用したり、住まい手が自由に改変できるようにしています[図17]。

その後、あらためて製品として販売を始めて、イベントやお店の内装で使ってもらったり、自分たちでもプロダクトをつくって発表しています。プロダクトの場合、工務店を通さずに工場と直接やり取りができるのも魅力と言えます。

左官職人から建築家へ

京都の土壁技術を現代建築に

MAKER 02 森田一弥

森田一弥は、左官もできる建築家である。学生時代、建築のつくり方を知るため、本を読み、カヌーを買って集落を旅し、休学して世界を放浪した。大学を出ると左官の修行を経て独立する。最短距離ではなかったのかもしれないが、旅の中で見聞きしたことは職人の世界とつながり、左官を追求した建築は、海外で見た街角ともつながってゆく。その先に見えてきたのは原始的な技術が持つ普遍性だった。

本を読んで旅に出る

学生の頃から、職人の世界や「つくる」世界に関わることを考えてきました。入学当時はバブル絶頂期で、京都の街中では高松伸をはじめとする建築家のポストモダン建築が建ち、メディアでも大々的に取り上げられていました。凄いなと思う反面、こんな建築がどうやったら設計できるのかまったくわかりませんでした。建築をどう勉強したらいいか考えていたときに、本屋で『安藤忠雄の都市彷徨』を見つけて読みました。安藤忠雄が若い頃、世界のいろいろなまちへ行って建築を見て考えたことについて書いた本で、「建築をやるなら旅をしろ」と繰り返し書かれていました。

「そうか、旅に行かなきゃ」と思ったのですが、周りの友達は1ヶ月くらいヨーロッパの建築を見に行くという感じの旅行が一般的でした。「同じことはやりたくないな」と思ったときに、野田知佑の『日本の川を旅する』を本屋で見つけました。彼は日本の各地の川をカヌーで下っている人です。カヌーで旅をするのは普通の旅行とは行き先も違うし、全然違う世界が見えて楽しそうだなと思って、アルバイトをして貯めたお金で組み立て式のカヌーを買いました。そして、電車で日本のあちこ

図1　高知県・四万十川にてカヌーで旅する

ちに持っていき、現地で組み立てて1週間くらいかけていろいろな川を下りました。途中の集落にも立ち寄って散策したり、川辺にテントを張って寝泊まりしていると、近所の人に鮎をもらえたりもしました[図1]。おかげで観光地ではない集落をたくさん見ることができました。例えば、四万十川流域では、雨が多く斜面に立地する集落が多く、見事に積まれた石垣の上に庇を大きく張り出して建つ民家が印象的でした。

そうした中で、建築の形は土地の気候や採れる素材と密接に関係していることがわかってきて、これなら自分にも理解できるし設計できそうだと思いました。そんなときに、大学の講義でバーナード・ルドフスキーの『建築家なしの建築』を知りました。中国のヤオトンと呼ばれる地中住居など、建築家が設計したものではなく、そこに生きる人が生活の中で

つくり出したユニークな集落や建築がたくさん紹介されていました。

またその頃に、沢木耕太郎の『深夜特急』を友人から教えてもらって読みました。インドからヨーロッパまで陸路で、1年半くらいかけて旅をする様子が書かれた本です。こういう旅行のスタイルがあるなら、海外の「建築家なしの建築」を片っ端から見ようと思って、大学を1年間休学して旅に出ました。

風土につくられた建築を巡る旅

当時、日本を一番安く脱出する方法は、神戸から出る鑑真《がんじん》号というフェリーに乗ることでした。1万6千円くらいで上海まで行き、その後はずっと陸路で西へ向かい、観光客が行かないような辺鄙な村を訪ねていきました。中国では先ほどのヤオトンを探し回って黄土高原の奥地に入り込み、ウイグル自治区のトルファンという砂漠の中のオアシスの都市[図2]では、日干しレンガでつくったブドウの乾燥小屋や、土の色がそのまま出たようなモスクを見ました。

図2　トルファンの葡萄棚の下、日陰で寛ぐ人たち

中国からはカラコルム・ハイウェイというハイウェイとは名ばかりの悪路を越えてパキスタンに入国し、パキスタンからインドに向かいました。タージマハルのような観光地も見に行きましたが、こういう有名な建物でもディテールをよく見ると、インド人のすごく根気強い仕事が見えてきます。大理石が彫ってあって、その中に色の付いた大理石が超絶技巧で象嵌してあったり、そういう職人の手仕事に

も興味を持ちました。

　それからパキスタンの電車に乗って、盗賊に襲われそうになりながら国境を越えてイランに行きました。イランの住宅にはバードギールという名前の風の塔［図3］があって、この塔から砂漠に吹く風を捉えて、水がめを通過させて気化熱で涼しい風をつくり、住宅の中に送り込むようになっています。人間が普通には生存できないような過酷な環境の中に、快適に暮らせる環境を生み出そうとする、人間の知恵を感じられる民家です。

　こうした建築の多くは日干しレンガで仕上げられていました。一方で、イスファハンのモスク［図4］のように特別

図3　ヤズドの風の塔

図4　イスファハンのモスク

図5　サントリーニ島

な建築は表面にはタイルが貼られています。タイルが一枚一枚、様々な幾何学的な形にカットされていて、これも気の遠くなるような仕事がされています。そういうふうに、庶民がつくる建築と、ものすごく高度な技術が注ぎ込まれた建築の対比も、とても印象的でした。
　『建築家なしの建築』に出てくる集落のあるギリシャのサントリーニ島［図5］にも行きました。火山の噴火でできた断崖絶壁のエッジに沿って、階段上に小さな部屋がぽこぽこっと並んでいて、屋根はドームやヴォールト屋根で、外側にしっくいが塗られた建物でできています。地形と一体化しながら、同時

に地形から際立とうとする、そのバランスが素晴らしかったです。

　こういった旅行の中で見た建築は、大学で習っていたコンクリートと鉄とガラスを使うような建築とは違い、ほとんどが石と木と土と藁《わら》でできていました。また、それぞれの土地の厳しい気候―雨が多かったり、暑かったり、寒かったり、標高が高かったり―に応じているので、どうしてその形になるのかがよくわかるように感じました。

図6　京都の寺院の土塀修復工事

大学院を出て左官職人へ

　帰国してからは、旅先で見たような建築がどのようにつくられているかに興味が出てきました。その土地の気候や採れる素材との関係で形が決まるというのはよくわかったのですが、その素材をどのように加工して、どのように建築にしているのか、もっと具体的に知りたくなったのです。それで、大学院を出た後に、石屋でも瓦屋でも大工でもよかったのですが、知り合いのつてで最初に知り合いになった左官職人に弟子入りしました。

　そこでは毎日、京都の文化財建築を修復する仕事をしました[図6]。古い建物の傷んでいる所を解体したり、直したりしていくので、どうして建物が傷んだのかがよくわかります。どういう形だと建物が傷んでしまうのか、どうあれば長持ちするのか、「かたち」の重要性が日々身に染みるようにわかっていきました。

　職人の世界は大学とはまったく違う世界で楽し

かったです。私の弟子入りしたところには3人の職人と、私を含め3人の丁稚《でっち》、いわゆる見習いがいました。伝統的な建築の現場にはいろいろな仕事があるので、腕のある人間だけがいても駄目で、それをサポートする人間も必要です。入職してすぐやらせてもらったのは、文化財建築の壁の解体でした。昔の職人がつくり上げた壁を手作業で剥がしていく作業は、宝箱を開けるような感覚でわくわくしました。

また、渡職人《わたりしょくにん》にも出会いました。私が出会った宮澤喜市郎さん[図7]は土蔵などで使われる「磨き」と呼ばれる左官仕事の名人で、たとえば京都島原の「角屋」の玄関の壁を大津磨きという技法でピカピカに仕上げていました。こうした特殊な技術は必要とされる場所が限られているので、彼らは常に一つの地域で仕事があるわけではなく、全国を渡り歩いて仕事をしています。

図7　宮澤喜市郎さんによる磨き

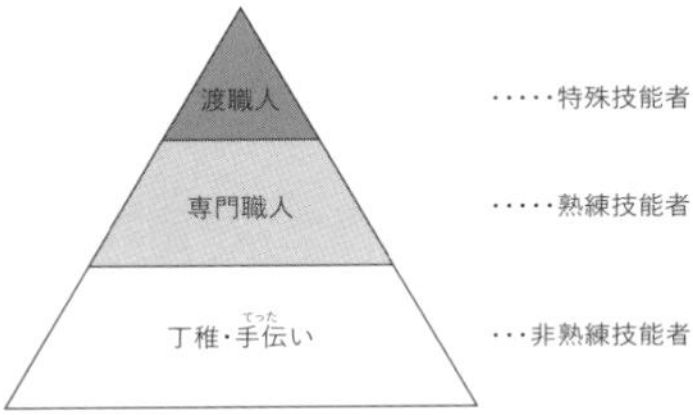

図8　近代以前の現場の構成

近代以前の建築現場の人員構成は、おそらく図8のようになっていたと思います。城や蔵といった建築の中でも特に難しい部分を手掛ける、特殊技能者としての渡職人。その下に、地域に根差して民家一般を手掛ける熟練技能者の専門職人。さらにその下に、職人のサポートをする丁稚や、現場の掃除や片付けをする便利屋さんのような手伝《てった》いがいる。こうした技能のバリエーションがあって、その人たちの適材適所の組み合わせで現場が動いていたのです。

また、現代の現場と昔の現場を比べたときに、「普請」と「請負」の違いがあると考えています。「普請」は、相互扶助の一環として建築主が人や材料を集めて、いろんな人たちの協力のもと、一つの建物を立ち上げるものです。この場合の責任は、普請をする主人にあって、職人や手伝いは、それに力を貸しています。それが貨幣経済とともに近代化して、工務店や建設会社が責任を全部負う「請負」が広がり、地元の人たちや建築の素人が手伝いのような形で建築に参加する機会も失われ、プロだけで建築をつくっていくことが一般的になっていったのだと思います。

伝統技術を時代・地域に合わせて発展させる

5年ほどの職人修行を経てから、独立して設計業を始めました。私自身も技術を身に付けていたので、つくりながら設計をすることにしました。

京都の〈ラトナカフェ〉［図9］では、自分で採ってきた土を使って壁を塗ろうと考えました。京都市の近郊の道路工事現場で粘土が現れている場所を見つけてトラックで乗り付け、土を土嚢袋にいっぱい集めてきて、それに水を加えて濾し、藁や砂を入れ、

図9 〈ラトナカフェ〉内観

土壁の材料をつくって塗りました［図10、図11］。市販の土ではない、その地域の土の色の壁ができたと思います。このときは普請的なつくり方を意識して、左官については素人の大学の後輩に手伝ってもらいつつ下地まで塗って、最後の仕上げだけ助っ人の職人に来てもらって塗りました。また、現場でその職人と相談しながら、スポンジで表面をなでたり、表面をふき取って藁を露わにする仕上げなど、文化財の現場ではやらない仕上げを試行錯誤しながら即興的にやってみました。独立前に関わってきた文化財の現場では新しい技術に挑戦することは困難でしたが、〈ラトナカフェ〉では、普段使わない新

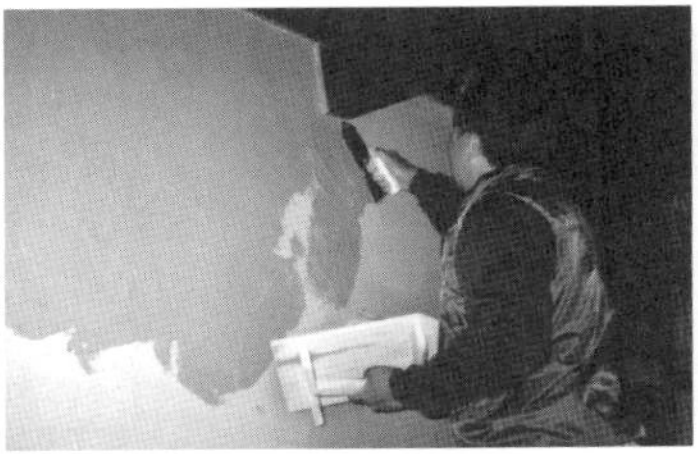

図11　〈ラトナカフェ〉現場での左官作業

図10　〈ラトナカフェ〉自分で採取した土を精製する

しい道具や塗り方を試しました。自分たちも驚くようなテクスチャーが現れるのが面白くて、現代の建築の現場でも、左官という技術を発展させる余地はまだまだあると感じました。

仕上げだけでなく、構造としての左官技術の可能性を追求しようとした最初の例が、〈Concrete-pod〉という小さな空間です。日本コンクリート工学会主催の展示会に出展するために制作しました。土壁は竹の下地（小舞）に塗っていくのですが、ここでは発泡スチロールで型枠をつくり、その上にガラス繊維入りの白いセメントを塗って、固まったら型枠を解体するという手順で、ドーム状の小さな茶室をつくりま

した［図12］。日本の左官技術は木造の軸組にぶら下がっている、構造というより仕上げの技術ですが、伝統的な左官技術を私なりにアレンジして、左官材料だけで自立する構造をつくりたいと考えたのがそのきっかけでした。

ただ〈Concrete-pod〉では発泡スチロールの型枠をつくるのにすごく手間がかかりました。それを踏まえ、風船を膨らませて型枠にしたらどうかと考えたのが〈SAKAN Shell Structure〉です［図13］。空気で膨らませた空気膜ドームの上に繊維補強セメントを塗り、固まったら空気膜を撤去すれば、簡単にドームができるし型枠も再利用ができます。この案はコンペのために発案して入賞し、その後は構造実験をしてプロトタイプとして実験棟までつくりました。実際にやってみると、空気膜型枠は簡単に膨らませられるのですが、風船のようにふわふわした下地なので、プロの職人でもすごく塗り難いのです。また塗ってもすぐにずれ落ちてしまうため、メッシュをかけて上から四方に向けて均等に塗り進めるなど、独特な塗り方が必要でした。また、セメントを塗るときに大がかりな足場が必要になるなど、いろいろな課題があることもわかりました。

図12 〈Concrete-pod〉わずか15mmの厚みでできた極薄のコンクリートの茶室。型枠はスタイロフォームで製作した

韓国でつくった〈Brick-pod〉は、カタロニア・ヴォールト工法というスペインの左官工法を利用してレンガの型

枠をつくって、その内側に繊維補強セメントを塗るという工法でつくった左官ドームです。カタロニア・ヴォールト工法とは、レンガを少しずつ空中にせり出すことで、最小限の足場でレンガのドームが建設できる独特な左官技術です。現地でこの工法を身に付けた谷口達平さんに来てもらい、つくりました。アントニオ・ガウディの作品はだいたいこの構法でできています。前作で必要だった大規模な足場が不要になり、脚立だけの足場で４・５ｍの高さのドームをつくることができました［図14］。この建物は、レンガを薄く積んでドームをつくり、後から穴を開けるようにしました。内側にはグラスファイバー入りのセメントが塗ってあり、多少揺れても壊れないようになっています。このように、日本の左官技術をアレンジしながら、他の技術を組み合わせたりして、どんなことができるのか、トライアンドエラーを繰り返しながら試行していました。

図13 〈SAKAN Shell Structure〉施工の様子。モルタルが硬化した後に型枠として使った空気膜を取り外す

図14 〈Brick-pod〉施工の様子。型枠が必要なく、レンガを空中に迫り出すように積むことでドームをつくる

原始的な技術に見出した可能性

こうした活動の一方で、原始的な技術への興味が出てきました。技術は日々進化するものですが、あまり高度化しすぎると一般の人が参加できなくなっていきます。それに、あまりに突き詰められ過ぎた技術は、限られた環

境でしか使えないものになると思います。

そのきっかけは、モロッコのマラケシュでタデラクトという漆喰技術に出会ったことです。地元産の漆喰を塗った後に石で表面を磨き、オリーブ石鹸を溶いた水を表面に塗り付け、さらに石で磨くことで、耐水性とつやが出るというもので、街の中のいろいろなところに使われていました［図15］。先ほどの宮澤さんが塗った漆喰の磨き壁と機能的にも見た目もそっくりです。この技術を見て面白いと思ったのは、道具に「石」というありふれたものを使うところです。この技術は素焼きの壺の表面の仕上げにも使われているんですが、日本では超一流の職人しかできないような技術を、道端で壺を売ってる土産物屋のおじさんまでもが普通に使いこなしていました。モロッコ以外の別の国でも、石で土壁を仕上げている写真を見たことがあるのですが、石というのはおそらく人類が最初に手にした左官道具だと思います。原始的な技術には、だれもが手に入れられる道具を使って、どんな形の壁にも対応できて、誰もが少しトレーニングすれば習得できるという普遍性がある。だから今でも広く使い続けられているんだと思いました。

図15　石で磨く漆喰（マラケシュ）

日本の中でも、京都の左官技術は研ぎ澄まされていますが、例えば農家の荒壁の様に、地方には原始的な技術がまだたくさん残っています。案外そうした技術のほうが、現代の技術が失った建築の可能性のようなものを内蔵しているのではないでしょうか。近代の日本では、技術が専門家の職業として高度化して洗練された結果、原始的な技術が失われてつつあると思います。

福井県の建築学生と行ったワークショップでは、地域の竹を割って、タケノコ状に組み立て、これを下地にして荒壁を塗ってインスタレーションをつくりました[図16]。昔の民家はほとんど地元の人たちがつくっていて、プロの人はそんなに関わっていなかったと思いますが、竹の下地づくりも荒壁塗りも技術としてはすごく簡単で、学生たちもプロに1、2時間レッスンしてもらっただけでできてしまいました。

〈御所西の町家〉は、京都市の路地奥の町家を改修した仕事です。古い建物を直すときには現代の技術できれいに仕上げしてしまうことが多いですが、ここでは建物の歴史と同時に技術の歴史も感じられるように、あえて元の建物よりも古い技術で直そうと考えました。土間のコンクリートを外して、土をたたき締めるだけの土間にしたり、竹の下地を組んで荒壁を塗っただけの壁にしました[図17]。土の土間も荒壁も、町家の歴史より

図16　荒壁のインスタレーション制作現場

図17　〈御所西の町家〉荒壁のテクスチャー

図18 〈御所西の町家〉土間は、土を叩き締めただけの文字通りの土間

もっと古い千年以上の歴史がありますが、改修後の「御所西の町家」では建物の古さ以上の「古さ」が感じられるようになっていると思います［図18］。

再び原点へ

私たちの事務所では、常勤スタッフが2名から3名ほどいますが、最近はスタッフには設計だけでなく、簡単な現場仕事も手がけてもらっています。ここ10年くらいは設計が複雑になるとともにどんどん工事も難しくなり、その結果一流の職人しかつくれない仕事が多くなってしまって、私たち自身が現場で汗を流すような機会をほとんどつくれませんでした。今は原点回帰して、自らつくる楽しさを取り戻していこうと考えています。原始的な技能で、色々な人を巻き込みながら、時間をかけて建築をつくるような取り組み方です。最近は、自宅の隣の空き家を買ったので、改修して宿にする計画を進めています。ここの土壁は自分でも塗ったりしていますが、壁を塗る時間は土と対話している感覚で、本当に楽しいです［図19］。外壁に張る焼杉も自分たちで焼きました。

　原始的な技術の可能性には3つあると思います。まず1つは「インクルーシブ性」で、いろいろな人を巻き込みやすいことです。先ほど話したように、原始的な技術は扱いやすく、誰もが参加できるので、それゆえに昔の「結」のように人間関係を形づくる上でも、重要な役割を果たすことができると思います。もう1つは、それが生み出す不揃いな質感、「不均質性」です。がたがたの表面やひび割れた土が、工業製品にあふれた現代の建物においてむしろ価値を持ち、またそれがそこにしかない場所の固有性を生み出すのではないかと思っています。最後の1つは、「祝祭性」と言っていいと思いますが、いろんな人たちが一緒にものをつくり上げる喜びを、お祭りのような形で共有できることです。今やプロだけが独占するものになってしまった「建築をつくる」という快楽的な行為を、もう一度自分たちの生活に取り戻したい。その時に、原始的な技術は力強い味方になってくれるのではないかと思っています。

図19　自宅に隣接する空き家の改修現場。居合わせた子供たちにも鏝を手渡す

沖縄での設計施工
人と人々と土地による参加

MAKER 03　山口博之

沖縄の建築は、社会の変化にともない独自の歴史を歩んできた。現在でも鉄筋コンクリート造の住宅が過半を占め、設計施工を担う工務店は少なく、個人の設計事務所に設計を依頼することも多い。山口博之は、京都の大学で設計を学び、木造大工を経験した後、沖縄に移住した。こうした経緯から沖縄でも「木造」住宅を、さらに「設計と施工」を境なくてがける。たどった道程が建築のつくり方をかたちづくっていく様は、沖縄と重なって見える。

沖縄へ

私たち「建築意思」は沖縄本島南部、南城市を拠点にしています。現在のスタッフは設計3名、大工2名。年間2棟から3棟ほどの新築住宅の設計と施工が仕事の中心です。設計事務所というより、小規模な地域の工務店といった方がしっくりきます。

私は2001年に、京都市の北のはずれの山の中にある、京都精華大学の建築専攻を卒業しました。小さな美術の大学です。建築学科の教室はキャンパスの一番奥にあって、彫刻や油絵の製作を横目に見ながら製図室に上ります。他学科の学生が自分の手で、実物をつくっているのをうらやましく眺めていました。授業では抽象的な設計課題がだされ、私がモゾモゾと曖昧なことを言っていると、先生は「それでコンセプトは?」と迫ってきます。講評会なんて大嫌いでした。卒業生製作で、白い模型に思いをこめることを拒んだ私は、身体を動かそうと、セルフビルドによるリノベーションを選びました。それが1分の1の始まりです。卒業後は、建築は好きだけど設計事務所に勤める選択肢は考えられず、かといって、明確な方向性は決まらず、喫茶店の雇われ店長したり、小屋づくりや家具製作を個人的に請け負ったり、大工の弟子入りをしたり、ふらふらしていました。そんなときに、沖縄在住の友達から、「家をつくってほしい」と連絡があったのです。

図1 〈玉城の家〉現場。
岩に見守られながら大工作業

図2 〈玉城の家〉外観

ガジュマルの下で〈玉城の家〉

２００５年、沖縄に移住して最初のプロジェクト。交友関係の広い施主。様々な人が訪れることができる公民館のような家をつくりたいと、要望がありました［図1〜図3］。敷地の南側道路に面しガジュマルの巨木、北側奥に大きな岩があります。２つの軸線上に主室を設けました。鉄筋コンクリート造が主流の沖縄ですが、島の伝統的な木造民家に惹かれたこと、京都での大工経

図3　〈玉城の家〉竣工写真。敷地奥の岩を見る

験があったことが理由で木造とすることを提案しました。

しかし、当時プレカット工場はもちろん、本土では、普通に手に入る木材や金物が沖縄では見当たりません。ネット販売もありませんでした。「沖縄で手に入る材料は何?」材木屋、金物屋、ホームセンターに通いながら、材料を探しました。結局、九州からスギの荒材を移入し、現場で手刻みをすることにしました。墨付けできる職人も見つけることができなかったので、京都の大工さんに応援を依頼しました。アパートを借りて、自炊しながら合宿です。現場は、海から100mくらいの所で、いつも風が吹いていました。ガジュマルの木陰で、1本1本の木と向き合いながら、ノコギリやノミで刻んでいく。本当に楽しかった。その日々は、私に沖縄で建築の活動を続けていくことの道を示してくれました。

また、沖縄という離島で建築を設計するということは、「カタチ」を考えることではなく、「材料」「構法」、建築の生産システムそのものに着目しなくてはいけません。「何をつくるのか」ではなく「どのようにつくるのか」ということが私にとって建築の問いかけになりました。

施主が現場で弟子入り。半セルフビルドの家
〈高志保の家〉

庭師のご主人さんと陶芸家の奥さんのための家。三角形の敷地に、住居以外に、作陶場、事務所と、異なる用途が必要でした。敷地は本島中部読谷村。田園風景が残るのどかな地域です。用途を満たす最低限の大きさの小屋を設定し、敷地中央の坪庭を囲むように並べ、小屋と敷地境界との間にできた隙間にも、テーマの異なる庭を計画しました。庭は庭師である施主の試作の場となります。

「自分でつくりたい」とぼそりと話したのはご主人。大工経験のない、いわゆる「素人」が家を建てることは可能でしょうか？　いや、問いを設定し直します。「素人」が工事することを前提としたときに、どのような設計が可能でしょうか？

1番目は「安全第一」。高所作業は危ないです。建物の高さを低くするために平屋とし、できるだけ6尺の脚立で手の届く範囲の作業を想定しました。

2番目「どこにでも手に入る材料を使うこと」。沖縄では通称「五分板」といって、厚み15㎜の杉板が、ホームセンターや近所の木材屋さんで安価でいつでも手に入ることができます。この五分板を内外仕上げの主要材料としました。

3番目「単純な反復作業の積み重ねでできること」。

屋根は波板トタン葺き、壁は内外とも五分板の竪《たて》張り。カンナやノミを使用する熟練の技はご法度です。丸鋸による切断、インパクトによるビス止めに頼ります。切って釘を打っていくことを繰り返すことで完成するという「ひたすら大作戦」。一見複雑そうな形に見えるけれども、材料の取り合い、いわゆるディテールは統一します。

4番目は「計画段階で決めすぎないこと」。セルフビルドだからこそ、手を動かしながら現場で出てくるアイディアは、大切にしたい。それは、建築に疾走感をもたらします。ブレインストームは、3時チャー(休憩時間)で。例えば、施主が持ちこんだ、近所の中

図４〈高志保の家〉建て方。
女性チームも参加

図５〈高志保の家〉左官仕上げ。
現場で採取した赤土で左官。
照美さんの陶芸仲間が集まった

学校の解体時に出てきた木製建具、その場で私が枠回りのスケッチをおこし、隣に座っている棟梁に相談し、コメントをもらうといった具合に。また、設計時にはなかった、三和土、石敷き、現場の土を採取して左官した土壁など、庭師、陶芸家としての施主の生業ならではの発想が形になりました。

5番目「理解のある職人と一緒に」です。理解のあるということがミソで、通常、職人は素人が現場に入ることを嫌がります。しかしながら、今回の現場の棟梁は、設計者の一人でもある当事務所の大工。設計者は現場で棟梁となり、建主は現場で弟子入りをする。それが「半セルフビルド」と呼ぶ最大

の理由です［図4、図5］。施主が自身の家づくりを通じて、材料の仕入れ方法、道具の使い方など、習得していくのです。高志保の家では、私たちが引き渡した後、本棚、デスク、台所の収納などの什器を施主が製作し、引っ越し。いよいよ本業であり、空間の軸である庭づくりの始まりです。5年、10年、施主は、住みながら、庭に手を入れ続け、植物たちはそれに応えるように、様々な表情を見せてくれることでしょう。また一方で、沖縄の強い紫外線は、無塗装の杉板を容赦なく射し、傷んだ箇所も出てきます。しかし、メンテナンスに必要な技術も、施主は習得済みなのです。

図6 〈高志保の家〉東側外観

図7 〈高志保の家〉食堂、台所

計画、着工、引っ越し、そして、暮らす。それらの過程の中で施主は住人になり、現場は家となりました。これからも家はつくられ続け、変化し続けます［図6、図7］。この建築の竣工はいつなのでしょうか？

沖縄は東南アジアの最北端

〈長浜の家〉

〈長浜の家〉は、東京在住のご夫婦のための別荘で、敷地はこちらも読谷村です。北側傾斜地、海が眺めることができる2階の高さに居室を設けました。計画は、構造的な水平力を担う在来木造のハコを東西に配置し、寝室、キッチン、浴室などの機能が入ります。その箱に、H鋼を架け渡し、インドネシア、ジャワ島でつくった小屋を載せました。なぜわざわざジャワ島から？　なぜなら、現地の村を歩いていると、気候、植生、民家のつくりは沖縄と類似性が多く、ここの木材と技術を使うことに親和性を感じたから。地図を眺めてみると、那覇と福岡を結ぶ同心円には、台湾がすっぽり納まり、東京との同心円上にはフィリピンのマニラ、香港と重なります。沖縄は、15世紀から16世紀にかけて中間貿易で発展し、タイ、マレーシア、そしてインドネシアと交易がありました。沖縄は日本の南端の小さな島だけれども、東南アジアの北端とみなしたときに、どんな建築がイメージできるでしょうか？

図8　製材中、樹種はチーク

図9　ジャワ島での製作中の建具。サイズの大きいものは仮組みし、確認後、ばらしてコンテナに入れて送った

図10　ジャワ島での製作風景。かみやすりは女性の仕事。いつも楽しそうにおしゃべりしている

　このプロジェクトでは、インドネシアでチーク家具の工場を営む日本人との出会いがあり、ジャワ島で原木を仕入れ、乾燥、製材、加工を行いました［図8〜図10］。現地の木材の加工では、機械化が十分されておらず、手作業が担う工程が多いです。人の手が直接、触ることの多さを人件費の安さと結びつけるのではなく、空間の質につなげたいです。ここでは、板の幅は揃えず、製材なりの不均一の板をはぎ合わせ、木材の表面の仕上げをピカピカになる一歩手前でとめ、凹凸がある状態で納めました。その雰囲気はこの空間に

とって切っても切れない要素となりました［図11、図12］。手作業による加工のばらつきを精度の問題としてとらえず、「特徴」としてとらえたら、どんな設計が可能でしょうか。

土地の参加、風景の現出
〈今帰仁《なきじん》 石蕗《つわぶき》〉

〈今帰仁石蕗〉は、沖縄本島北部、今帰仁村の山の中にある宿泊施設です。施主は、本土から移住した誠一さんと美也子さん。「森そのものに滞在する」というコンセプトのもと、約1千坪、高低差18mの敷地に、レセプション棟、食事棟、露天風呂、寝室棟の4棟の小

図11　〈長浜の家〉北立面。
左右の在来構法によるボックスの間に、ジャワ島で製作した小屋を配置

図12　〈長浜の家〉内部。
質感のある床の仕上げ

屋が点在し、宿泊エリアには、1組のみ宿泊客が入ることができます。

はじめて敷地を訪ねたときのこと。待ち合わせの場所から敷地と思われる方向は、草木がもりもりと茂っていて、どこから入っていくか迷うほどでした。長靴を履いて、軍手をつけて、えいやと覚悟をきめて、入っていきます。枝をかきわけ、息をきらしながら上っていくと、猫の額ほどの平な土地に出ました。木漏れ日がスポットライトのように、湿った土を照らし、森の陰影を豊かに表現しています。しばらくして、呼吸が整ってくると、鳥や虫の声が聞こえはじめ、聴覚が研ぎ澄まされてくるのに気づきます。ざわざわと木の葉

を揺らし、風がくる方向に振り向くと、2本の大木の間から水平線を見つけることができました。東シナ海でしょう。

地形、地質、植物、動物、そして、光や風。「プロジェクト」という大儀を抱えて、私たちが侵入する前から、脈々と培われてきた時層の積み重ね。その無言の事象を一つの人格として、尊重したいと考えました。敷地の思いのようなものを咀嚼した上で、私たちの建設行為を重ねていくこと。その行為を私は「新築」ではなく「風景のリノベーション」と捉えました[図13]。

一見、人の手の入っていない野生の自然に見えたのですが、観察を続けると、

図13 〈今帰仁 石蕗〉西外観と通路。木々の中に埋もれるように（©Yasuko Okamura）

等高線に沿うようにして、3段から4段の雛壇があり、こぶし大の崩れかけた石積みを発見しました。地元の方の話では、敷地は戦前まで陸稲を育てていた畑で、石積みはその名残であるとのこと。また、植生調査によると、在来の樹木が多くあり、貴重な生態であることがわかりました。

初めて敷地を訪ねたときに見つけた場所、2本の樹木から海が見え、かつ、森へ続く天然の「ぬけ」。それをなぞるような建築の形をイメージしました[図14]。そして、その「ぬけ」を敷地全体の重心とし、そこに至るまでの体験をランドスケープのデザインと捉えました。さて、その体験をどのように計画すればよいのでしょうか？ 2つの視点について考えました。猪の視点と鳥の視点です。

まずは、猪になったつもりで、森歩きをします。一見、急斜面と思えるところも、手や足をかける

図14 〈今帰仁 石蕗〉寝室棟、南外観。初めて訪れたときに発見した「ぬけ」（©Yasuko Okamura）

きっかけとなる樹木や岩などの微地形に気づきます。敷地に通ううちに、目印となる木や岩がわかるようになり、歩く場所に偏りが生じ、獣道ができてきます。敷地を徘徊しながら、地形や樹木の高さに対して「このくらいの大きさがいいかなあ？」や「通路はここを通そう」など、建築のボリュームやシークエンスを想像します。事務所に戻ったら、鳥の視点。敷地で感じた感覚をスケッチし、100分の1の模型に起こしていきます。頭でっかちにならず、身体で感じたことを形にするために、毎朝早起きして、まだ頭がぼんやりしている間に、1案考えては、模型にする（模型にしたのはスタッフです）ということを続けます。延べ3ヶ月間くらいでしょうか、繰り返しを行うと、山口個人の思考の「たが」がはずれ、目の前の計画が、一人立ちする瞬間がきます。あとはブラッシュアップするのみ。このような基本設計のプロセスを事務所内では、「村上春樹大作戦」と呼んでいます。毎朝、原稿用紙10枚を書き続ける村上春樹へのリスペクトとして。

さて、着工です。木造の軸組が完成したころ、施主の誠一さんが沖縄に引っ越してきました。協働作業の開始です。考え方は〈高志保の家〉と同じで、施主であり弟子としての現場入り。今回の「ひたすら大作戦」は、4棟分の外壁につかう総量100坪分の焼杉。勉強熱心な誠一さんは、本や動画で事例を探しては、試し、自分なりの方法を確立していきます[図15]。すべて焼き終えるころには「新見焼杉店開きます」とにっこり。続けて、焼杉を貼っていく工程、建築意思の社員大工の上原とペアを組みます。上原は当時25歳、建築意思に入って7年目、もともと設計班として入社したのですが、大工に興味を持ち転向しました。最初は、上原が採寸、カットして、誠一さんがひたすら釘打ちをする段取りだったのですが、誠一さんの勘の良さが発揮され、仕事を吸収していくと、ビビッてしまったのが、上原。自分の仕事が奪われると、目の色が変わったのが伝わりました。施主がセルフビルドのために契約した工務店の若い大工（30歳年下）に弟子入りをしながら、その大工を育てる。というわけのわからない状況が起

図15　誠一さんによる焼杉

こりました。納得の年の功です。

一方で、もう一人の施主である美也子さん。話すことが大好きで、一人でどこにでも行き、相手の心をつかみます。古物好きのご両親の元で育った彼女は、モノの質感にただならぬこだわりを持ち妥協はしません。例えば、石材の仕入れについて、庭で使用する石について庭師も含めて相談しました。現場近くには本部石灰岩という石の採掘場があるので、買うことに慣れてしまっている私たちは、その選択肢しかありませんでした。首を縦に振らない美也子さん。確かに、敷地に残る素朴な石積みのオマージュとしては、古い石がよいに決まってます。「私が探す。」

図16　美也子さんとの石探し

図17　現場で納まりを確認していく

と前を向いた美也子さんが印象的でした。本島中を走り回り、古い石を見つけては、持ち主を探し、庭につかうすべての石を集めきったのです［図16］。

最近の現場では、事務所内で詳細図をあまり引きません。設計者である私と、社員で棟梁でもある山城と現場での話し合いの中で決めていきます。ディテールのスケッチを持って現場に行く私、それに気づくと手を止める山城、僕のアイディアについて、施工の安易さのみならず、美しくないとすぐ見破られ「やなーだなあ（沖縄の方言で、よくないなあ）」と忖度なしです。端材によるモックアップをつくることも、しばしば。けんけんがくがく続く議論は、居合わせた施主も巻き込み、午後の作業時間いっぱい費やすこともあります。これこそ、建築意思の真骨頂です［図17］。

〈今帰仁石蕗〉の現場では、最終的に三和土、くつぶみ石の据え付けなど、庭の工事についても、施主、大工衆、そして設計者である私も参加しながら文字どおり、みんなで完成させました［図18〜20］。

施工と設計、特に施主の工事への参加というテーマで建築を記述することについて提案があったとき、私が真っ先に思いついたのは　今帰仁石蕗のことでした。しかしながら、作業のみに着目して、人間模様を描くだけでは何

図18　誠一さんによる三和土

図20　〈今帰仁 石蕗〉食事棟
（©Yasuko Okamura）

か足りないように思えました。〈今帰仁石蕗〉の現場を通じて、起こった様々な出来事の背景には、常に森の存在がありました。美也子さんが、工事中「森が求めているから」とたびたび話してくれたことを思い出します。

「つくる」という行為を通じて、人間がある土地につながりを求めていく。その過程の中で、土地と人間が一体となっていく感覚。無言と思える土地は、耳をすますと様々な声をかけてくれ、私たちの生業に「参加」してくれるのです。それもかなり積極的に。そんな人間と土地との協働作業の瞬間に風景の現出を見つけだし、その連続に文化の萌芽を認めたいのです。

図19　美也子さんによる上棟

この感覚は、建築家にもう1つの役割を示唆してくれるように思えます。1つめの役割とは、地域に、客観と論理を「もたらす」こと。その手法は近代を通じて洗練され、今日もなお、一般的なものとして認知されています。一方で、私が信じたいもう1つの建築家の役割は「見出す」ことです。人や人々や土地に対して聞き役に徹し、それぞれの営みの関係性を見出すこと、媒介者としての建築家像です。

海に囲まれ、陸地の限られた沖縄において、人々と自然は、繊細な結びつきを積み重ねてきました。「人類による干渉のない地球を語れないこと」が定義されつつある昨今、それを学ぶにはもってこいの場所なのです。

第二章

つくる×地域

身近な場所を楽しくつくり変える

MAKER

04

西山芽衣　Mei Nishiyama

（株）マイキーディレクター

Mikey Corporation Director

1989 年群馬県生まれ。千葉大学工学部建築学科卒業。まちづくりの企画プロデュースを行う（株）北山創造研究所に入社し、西千葉の地域活性化プロジェクトを担当する中で「HELLO GARDEN」「西千葉工作室」の企画・立ち上げを行う。場づくりに継続的に関わりたいと思い、2014 年同社を退社し、「HELLO GARDEN」「西千葉工作室」の運営母体であるマイキーに入社。企画・コンテンツ開発・アートディレクション・人材育成など幅広いスキルを活かして、西千葉のみならず日本全国で人の日常の舞台となる場づくりと人々の創造的な活動のサポートに日々取り組む。

MAKER

05

釜床美也子　Miyako Kamatoko

香川大学講師 / 民家研究者

Lecturer, Kagawa University

徳島県生まれ。筑波大学大学院人間総合科学研究科博士課程修了。博士（デザイン学）。2013 年に香川大学に赴任し、現職に至る。住民の相互扶助でつくられる民家の生産の世界に感銘を受け、構法や生産組織の視点から民家・集落の調査研究を行う。
2019 年からそうした研究を通じて知り合った人々と愛媛県西予市で茅葺き講座を開始し、以来、1 年に 1 棟の相互扶助による茅葺きの葺き替えの実践を続けている。

MAKER

06

栗生はるか　Haruka Kuryu

一般社団法人せんとうとまち代表理事 / 文京建築会ユース代表

Representative director of Sento & Neighborhood,
Representative director of Bunkyo Kenchikukai Youth

早稲田大学・大学院で建築を学び、ヴェネツィアへ留学。（株）NHK アートを経て、大学で建築教育に携わる。現在、法政大学、慶應義塾大学 SFC 非常勤講師。法政大学江戸東京センター客員研究員として、都市空間とコミュニティについて研究している。2011 年より地域の魅力を様々な角度から発信する文京建築会ユースを牽引。そこから派生するかたちで一般社団法人せんとうとまちを 2020 年に設立し、仲間と共に銭湯と周辺地域の再生活動を展開している。東京文化資源会議や東京ビエンナーレ 2020 に本郷エリアのディレクターとして参画。空家を活用した地域サロン等も運営中。

地域密着のファブスペースで暮らしをアップデートする

MAKER 04　西山芽衣

西千葉は住民の多くが都心へ通勤する郊外住宅地である。この生活のまちに〈西千葉工作室〉と〈HELLO GARDEN〉ができると様子が変わってきた。つくるための場所と道具を与えられた住民は、思い思いに暮らしをつくり始める。西山芽衣が繰り出すアプローチは、イベントやネットワーキング、教育までと多角的で、つくることでまちが変わる社会実験を見ているようだ。

暮らしを自分たちの手でつくる

西千葉は東京から電車で1時間くらいの小さな駅です。快速も止まりません。いくつかの大学のキャンパスがあること以外はいわゆる郊外都市の景色と変わらない、何げない日常がたくさん詰まっているようなまちです。

私はこの西千葉にある千葉大学で建築の勉強をしていましたが、何をして生きていこうか迷子になった時期がありました。周りがどんどん進路を決めていく中、迷子な自分は学校に居づらくなり、それがきっかけて地域の小さなバー「呼吸」に出入りするようになりました。そこには本当にいろんな人がいて、いろんな暮らし方、働き方をしている人たちを見ていたら、私は建築に興味があるというより人の日常に興味があると気づきました。そんなときバーの店主から、「卒業しても西千葉に残ってなんかやろうよ」と言われ、どうやって生きていくかはまだわからないけれど、とりあえず大学を卒業してもこのまちで暮らしていくことにしました。

バー「呼吸」でアルバイトをさせてもらいながら地域との関係性ができはじめた頃、東京のまちづくり会社の人から「千葉に地域貢献したいというクライアントとのまちづくりプロジェクトがあるんだけど、手伝ってくれない？」と声が掛かりました。まちが今よりも楽しくなれば、自分とその周りの日常がもっとハッピーになるかもしれないと思い、そのまちづくり会社に入社することにしました。

図1　運河沿いでピクニックをする人々

図2　手づくりのイベントを道で開催する

図3　まちなかの空き地にDIYでつくられた菜園

「まちづくり」と一言で行っても様々なアプローチがあります。入社したまちづくり会社は開発型のまちづくりに携わることが多かったのですが、千葉に地域貢献をしたいクライアントが求めるアイデアは開発型のものだけではありませんでした。また、自分の興味があるまちへのアプローチはもっと小さく、やわらかな方法だと感じるようにもなりました。そんなとき、海外視察で「これだ！」と思う光景を目にしました。平日の夕方、川辺の何でもない所にシートを広げて、お弁当やワインを持ち寄り、楽しそうに遊んでいる［図1］。はたまた別の所では、地域住民やお店の人たちが道路でイベントを開いたり［図2］、まちなかの空いている土地をＤＩＹで菜園にしてしまっていたり［図3］。こんなふうにまちの中で自分たちがやってみたいことを形にしたり、何でもない所をうまく使ったりする姿を見て、とてもクリエイティブだと思いました。

自分はまちづくりを「つくってあげている」ような感覚で捉えていたのではないか。

図4 〈西千葉工作室〉

図5 〈HELLO GARDEN〉

ハッピーな暮らしはお金で買えるとどこかで思っていないだろうか。

地域の人たちの中にも同じような感覚の人が多いんじゃないか。

一人ひとりの暮らしの集合体がまちだとすれば、個々の暮らしが変わることからまち全体が変わっていくのではないか。

一人ひとり個性も価値観もライフスタイルも違う私たちの暮らしは、誰かがつくってくれるものでも、誰かから買うものでもなく、自分でつくっていくものなんじゃないだろうか。

そうした疑問から、「自分の暮らしやその延長線上にあるまちを、面白がりながらクリエイティブに変化させていく人々を増やす」ということをコンセプトに、暮らしを想像して創造することができるプラットフォームをつくる案をクライアントに提案しました。

そうして2014年に実現したのが、ものづくりスペースの〈西千葉工作室〉[図4]と暮らしの実験広場〈HELLO GARDEN〉[図5]です。企画だけでなく場を育てていく過程にも携わりたい、自分自身の暮らしもこのプロジェクトとともに実験をしてみたいと思い、まちづくり会社をやめてクライアント側に転職する形で運営に携わることになりました。

それから10年。どこにでもあるような郊外住宅街だった西千葉のまちで、健やかなケの日とささやかだけど心躍るハレの日がある風景を自分たちの手でつくる挑戦を続けています。

日常を楽しくするものづくり工房〈西千葉工作室〉

〈西千葉工作室〉は、「つくる、なおす、つくりかえる」をコンセプトに、ものづくりのある暮らしを支えるシェア工房です。のこぎりやかんななどのアナログな工具から3Dプリンタやレーザー加工機といったデジタルファブリケーションまで、日常的なものづくりを支える機械や道具が幅広くそろっています[図6]。

地域の人たちが、こんなものをつくりたいというアイデアと材料を持ち寄って、この空間を共有しています。利用者の年齢層や利用目的はとても幅広く、電子工作、木工、洋裁などものづくりのジャンルは様々です。利用者の多くに共通しているのは、ものをつくること自体が目的なのではなく、その先にや

図6　〈西千葉工作室〉の工具

りたいことや欲しい暮らしがあるということです。

家の家具をＤＩＹしにくる家族［図7］、着なくなった洋服でカメラバックをつくったり３Ｄプリンターでレンズキャップを出力したりするカメラが趣味のおじいちゃん、趣味のギターをカスタマイズするお兄さん、ぬいぐるみの家の設計図を持ってきて端材で小さな家をつくる小学生。卓球部の男の子が自主練のために配球マシンをつくりたいと相談に来たこともありました。家族や友人など、誰かへのプレゼントをつくりにくる方々もいます。

他にも、木で看板をつくる職人［図8］や店舗のサインなどをつくるデザイナーなど、お仕事で利用してくれる方もいます。小商いをしている地域の方は、活動の幅を広げるためにレーザー加工機で看板をつくったり３Ｄプリンタでオリジナルのクッキー型をつくったりしていました。

また、ゼロから何かをつくるばかりではなく、昔のオーディオコンポを分解してBluetoothスピーカーにつくり直したり、汚れてしまった服を藍染めで染め直したり[図9]、割れてしまった器を金継ぎで直したり。調子が悪い自転車の修理に来るなど、日常的に使ってくれる方もいます。

こちらの想像を超える多様な活用のされ方を見て、すぐそこに「ものづくり」という手段がある暮らしの可能性を日々感じています。

お店には20名ほどの地域の方々がサポートスタッフとして関わってくれています。大学生、主婦、元エンジニア、デザイナー、会社員など、年齢もバックグラウンドも様々で、それぞれが得意なことを活かして利用者のサポートをしてくれています。いろんなスタッフがいるからこそ、いろんな人のいろんなものづくりが成り立っているのです。また、利用者同士でも教える・教えられるような関係が自然と生まれたり、スタッフが利用者から知識やスキル、アイデアをもらうこともあります。個々でものをつくっているだけではなく、ものづくりをより楽しいものにしていく関係性が、この「場」で生まれています。

図7　家の家具をDIYで制作する家族

図8　看板となる木材を切り出す職人

図9　藍染め

まちの実験広場〈HELLO GARDEN〉

〈HELLO GARDEN〉は、「新しい暮らしをつくる、まちの実験広場」をコンセプトとしたオープンスペースです。活動スタート時はただの空き地でしたが、暮らしの中でどんなコトがつくれたら楽しいのか、そのためにどんな場所が必要か、いろんなことをやってみながら空間に少しずつ手を加えて「場」をつくってきました［図10］。暮らしの原点である「食」を少しでも自分たちでつくってみようと土を耕して野菜やハーブを育てたり、「みんなで遊びをつくる実験」と称して持ち寄りピクニックをしてみたり、作曲をしている人が音楽祭を開催したり、みんなで1年かけてお醤油をつくったり。そんなふうにいろいろやっていると、イベント的に何かをやらなくとも、日常的にこの場所を自由に使う人が少しずつ出てきて、ママさんと子どもたちが幼稚園帰りにピクニックをしたりする景色も見られるようになっていきました。

図10　〈HELLO GARDEN〉を始めた頃

図11　ユンボで整地

いろんな使い方をしていく中で空き地のまま活動をしていく限界を感じ、より日常的に人々の活動の受け皿となる場を目指して、みんなの手を借りながら空間を大きくアップデートすることにしました［図11］。変な起伏があった土地は、貸してもらったユンボを自分たちで操縦して整えなおし、1本ずつ木々を植えました。この場所のためにデザインしてもらった家具も、家具職人さんの力を借りつつ、可能な部分はDIYでつくりました。プロジェクトがスタートしてからちょうど2年が経った頃、ようやく「場」らしい姿となりました。

〈HELLO GARDEN〉には、3つの側面あります。1つめは、ドリンクを飲んだり、お弁当を食べたり、誰かとおしゃべりしたり、木陰で涼んだりしながら、ここに「居る」という時間を過ごす場所。日々、地域の方々がそれぞれの時間を過ごしにやってきます。

2つめは、自分たちのやりたいことを「やってみる」実験場。映画好きが集まってみんなで映画を見たり、本が好きな人が自分で仲間を集めて古本市を開催したり、地域の盆踊り大会の日に合わせて大学生が小さな音楽フェスを開催したり[図12]。服をつくっている人たちのファッションショー会場になることもあれば[図13]、ジャズフェスのステージになったり、演劇の舞台になったり、〈HELLO GARDEN〉は使い手によって日々表情をガラリと変えます。オープンな空間なので、通りがかりの人もこの場所で起こっていることに興味を持って足を止めてくれることや、その場で軽やかに参加してきてくれることもあります。また、コロナ禍でも屋外空間という環境だからこそ、

図12　学生がつくった小さな音楽フェス「BON ODORI night」

図13　ファッションショー

いろんな人の活動の場であり続けることができました。

3つめの側面は「出会う・考える」場です。〈HELLO GARDEN〉という場で、居たり、やってみたり、参加してみたりする中で、新しい人やモノ、価値観に出会ったり、自分の暮らしを考えてみたりするきっかけとなっています。

例えば、月に2回「HELLO MARKET」を開催し、小さな商いを自分で始めたい人たちの最初の一歩を応援していますが、これは「働く」ということを改めて考えてみる場でもあります[図14]。自分が好きなことで独立する、子育てと両立しながら働く、副業や複業を持つ。出店者はそれぞれの働き方を自分で考え、それを実現するチャレンジをしています。また、「HELLO MARKET」でチャレンジする人の姿が、「私もやってみたい」と他の人の心を動かし、その人が新しく仲間になっていくこともあります。

図14　HELLO MARKET

お花、アクセサリー、洋服、コーヒー、焼き菓子、ネイルアート、マッサージ、イラストなど売るものは様々ですが、みんなで継続して出店する中で切磋琢磨しながら商いを育てていく過程で、仲間や応援してくれる人と出会い、様々な変化をしていきます。みんな最初は最低限の道具や設えだけで始めるけれど、だんだんと成長すると自分でつくった屋台や販売車で出店するようになったり、ファンが増えた作家さんが近くのギャラリーを借りて自分でオーダー販売会を開くようになったり、飲食提供をしていた方が間借りカフェを始めたり、古本を小さく出して

図15　子ども創造室

いた方が本屋さんを開いたり。最初の一歩を踏み出して、小さくだけどファンを付けて自信が出てくると、活動が広がっていく。最近も〈HELLO GARDEN〉から歩いて30秒くらいの所に、ついに飲食店の実店舗を開いた方がいました。3年半の間「HELLO MARKET」に出続けて人気店となり、それがきっかでこのまちにお店をオープンしました。

創造力を育む

もう1つの取り組みとして、「子ども創造室」という学び場づくりを行っています[図15]。これは、子どもたちに創造力（自ら考えて行動し、道を切りひらき、楽しむ力）を育むことを目指しています。子どもたちは1年間で様々なミッションにチャレンジします。観察や課題発見、こうなったいいなという想像から出発し、そこから出てきたアイデアを試作改良したり、誰かと議論したりしながらかたちにしていく「創造のサイクル」を、楽しみながら体験できるようにプロセス設計しています。

アイデアをかたちにする方法もミッションによって様々で、物理的なものをつくることもあれば、食、ゲーム、アニメーション、音、商いなど、いろんなモノやコトを生み出していきます[図16]。ミッションのお題に地域性を持たせたり、地域イベントの中でお披露目の機会をつくったりと、子どもたちが地域と接点を持つきっかけづくりも意識しています。1年間の集大成として、最後は卒業制作に取り組みます。また、1年間の取り組みをまとめて展示して地域の方に見にきていただく機会をつくり、作品を自分でプレゼンテーションしたりもします。

図16　アイデアをかたちにする子どもたち

最近では、子どもだけでなく大人に対しても、企業研修のようなかたちで同じようなプログラムを実施させていただく機会も増えてきました。

創造力は生きる力であり、子どもも大人も関係なく、自身の暮らしや社会の可能性を広げる大事なスキルなのではないかと考えています。

生活者にとっての「つくる」とは

私たちが西千葉での取り組みを通して接する人々は、単にモノやイベントをつくっていたり、その時間を消費的に過ごしているわけではありません。自分自身のライフスタイル、いろんな価値観の人と出会うきっかけ、自分らしくいられる居場所、地域に根ざした仕事、助け助けられる関係性など、健やかな暮らしを実現するために大切な要素を、自らが動き出すことによってつくり出しているのです。何よりも私が大事だと思っているのは、自分でもこんなことができるんだとか、実験しながら少しずつ前に進んでいけばいいんだといった、自信やポジティブマインドのようなものが生まれていくことです。地域の人々が私たちが運営する場を使う中で少しずつ変化し、表情が変わっていく様子を見るのが私たちの何よりの楽しみです。

本人たちがつくろうと思っていなくとも、副産物のような形で自然につくられているものもあります。どの取り組みもオープンな場だからこそ、自分たちが楽しんでいるところに子どもたちが入ってきて、そういう中で自然と子どもたちがいろんな経験をしたり、いろんな人に出会ったりする。やろうと思っていなくても地域の教育に寄与できる。わざわざつくろうとは思っていなくとも、同じ興味で集まった人たちのふたを開けると異文化交流や多世代交流という状況になっていることも。また、みんなが楽しみながら自分なりの活動をする姿勢そのものが、いつの間にかまちの風景になっている。そういうカルチャーのようなものに、だんだんなり始めている実感があります。

誰かがつくってくれるものや環境を享受するばかりでなく、自ら考え、自らの創造で暮らしを変えていく。これは自分の暮らしの当事者になるということではないでしょうか。暮らしの当事者になってみると、自分のやりたいことや、ほしい暮らしを実現するのがどうしてこんなに難しいのかと疑問に感じたり、実現しようと試みる中で社会の仕組みがわかってきたり、関わっている人の顔が見えてきたりする。そういうことを通じて、まちや社会に対する関心は高まっていくのだと思います。さらにそこから、自分の暮らしだけでなく周りに対してできることをアウトプットする人が増えてきたとき、社会は変わっていくのではないかと思います。

生活者にとって「つくる」という行為は、自分の暮らしとその周りにある社会を自由に健やかに楽しくアップデートするための手段の一つ。そんなふうに捉えて、つくることを積極的に暮らしに取り入れてもらえたらいいなと思っています。

消えゆく茅葺茶堂を地域で再生する

MAKER 05　釜床美也子

釜床美也子は大学で研究・教育を行いながら、茅葺き屋根のワークショップを四国で続ける。山の上の共同茅場から家の前の休耕田へ、専業農家の相互扶助から兼業農家を含めた週末のワークショップへと、どのように建築をつくるかを現代的に組み替えていく。コミュニティが残っているから茅葺き屋根も残ったのか、茅葺き屋根を残してきたからコミュニティも残ったのかという問いは、建築保存に新たな視座をもたらす。

手伝いの人がつくる建築

「手伝い」というのは、いわゆる「本職」ではないという意味です。例えばサラリーマンが休日の茅葺のときだけ集まって仕事とは関係なく屋根を葺く。今の時代でもそうした本職でなくとも屋根が葺ける体験を生み出したいという思いで茅葺屋根を手伝いの人達と一緒に葺き替える活動を始めました。活動をしながら、現代的な相互扶助による建築生産の可能性を模索しています。

学生時代は、日本の民家にみられる住民の手による建築生産に魅力を感じ、その鍵になりそうなのが離島だと思って対馬へ調査に訪れていました。離島には、島の限られた資源下で建てられた地域性豊かな民家や、その生産を支えた緊密な相互扶助が、まだ多く残っていたためです。対馬は朝鮮半島と九州の間にある島で、蔵の屋根に巨石を載せる文化が残る地域です。その石屋根は、江戸後期に延焼防止のために葺かれるようになったと言われていますが、私が驚いたのは、その畳一畳ほどもある巨石をすべて集落の手伝いの人々だけで葺いていたことでした。しかも当時まだその施工経験者が多数おられ、地元のお父さんたちが生き生きとその工程を教えてくださいました［図1］。

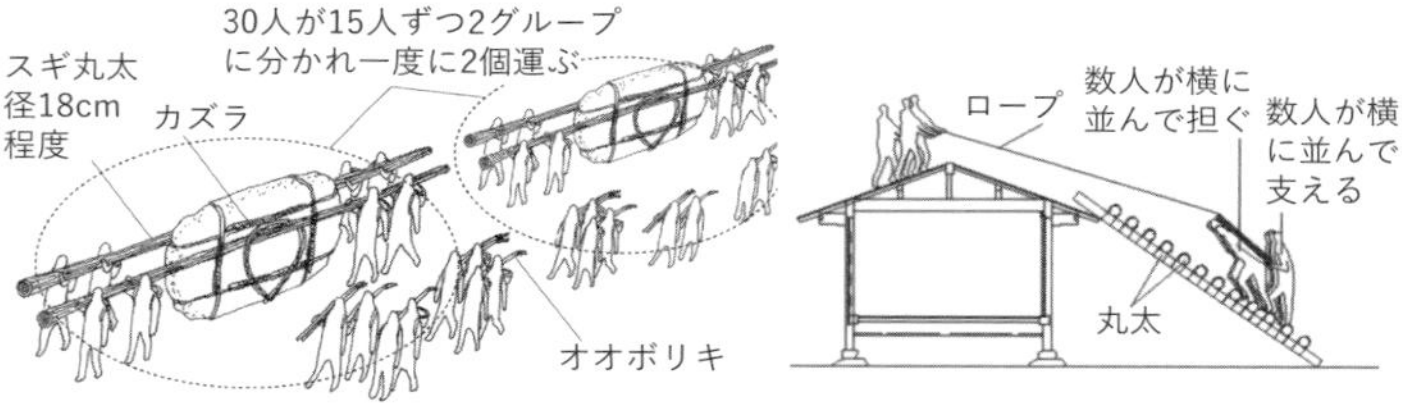

図1　石屋根の採石と施工（久根田舎）

「カセイ」と言うそうですが、石屋根を葺くことは集落の男性であれば誰もが経験することだったようです。久根《くね》田舎《いなか》という集落では、みんなで沢に行って大きな石を道具ではがしてかついで帰り、石を背負ったまま緩い丸太のはしごを登って載せていたそうです。村中の相互扶助があれば3日で1軒分の石屋根が施工できたということでした。そうして30軒ほどある集落の蔵の屋根を相互扶助で順々に葺き替え、最後、集落中の蔵をすべて葺き終える昭和30年代までそれが続いたそうです。

また、対馬で一番大きな屋根石が葺かれたのは椎根《しいね》という集落で、その集落の最後の相互扶助の様子を写した写真集が出版されています［図2］。滑車を使って、大勢でロープを引いて2本の丸太の上を滑らせるようにして石を載せており、集落中の人が1週間総出で屋根を葺いたという工事の様子が記録されています。

このように、日本の民家は、相互扶助で屋根を葺き、土壁を塗り、建物をつくることに素人が相当に関わっていました。しかし最近、民家の研究者からよく聞かれるのが、「相互扶助で建物をつくった経験者がいなくなってきた」ということです。古い民家を訪ねると、10年ほど前までは、おやじさんがその家のつくりにとても詳しかったのですが、最近は「わからない」という返事も多く、状況が変わってきています。今は住宅の寿命が短いと言われますが、自分が生産や維持管理に関わらなければ愛着も湧かないですし、修繕して長く住むという発想も生まれにくいと思います。

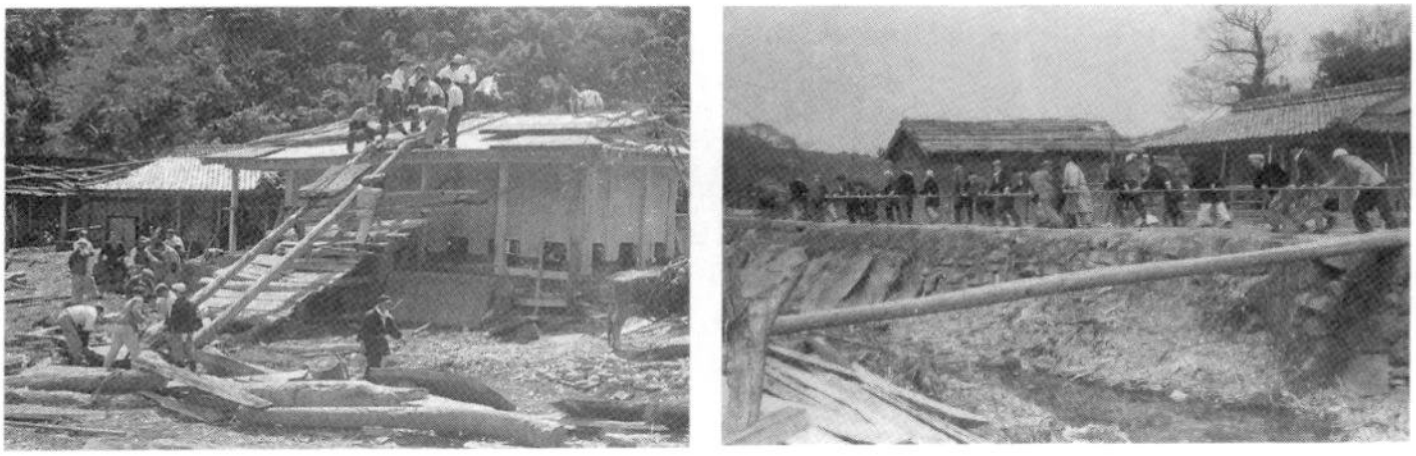

図2　椎根の石屋根の施工
（出典：月川雅夫『写真集対馬―昭和30年代初めの暮らし』ゆるり書房、2008）

四国の茅葺の現状

2014年に香川大学に赴任し、四国の茅葺屋根が危機に瀕していると聞いたことから、四国の茅葺について調べ始めました。そこで直面したのは、四国では、トタンで覆われずに茅葺のまま残っているのは文化財の屋根ぐらいになっているということでした。職

図3　休耕田につくった古城さんの自家用のカヤ場（徳島県つるぎ町）

人を探してもなかなか見つからず、ようやく「徳島には茅葺職人はこの人しかいない」と紹介されてお会いできたのが古城孝昭さんでした。

よく聞いてみると、古城さんはサラリーマンだったそうです。昔は集落の家はどこも茅葺だったので、手伝いながら葺き方を覚えたとのことでした。材料のカヤも、昔は何kmも離れたカヤ場（屋根用のススキを生やした草場）から採っていたそうですが、今は茅葺が古城さんの家1軒だけになったので、家の前の休耕田にススキを植えてカヤ場にされていました[図3]。四国では、カヤというのはススキのことです。雪の降る前に育てたススキを刈って納屋に毎年蓄え、ある程度たまったら屋根を修理する。そうやって主屋の茅葺を長年維持されてきたそうです。

茅葺は痛むとすべてを新しくするのではなく、「差しガヤ」といって表面の悪い所だけ新しいカヤに取り替える部分修理がよく行われます。「差しガヤ」だけで50年も持たせている屋根もあるそうです。「茅葺屋根の寿命はどれくらいか」とよく聞かれますが、メンテナンス次第だと言えると思います。家人が葺き方を知っていることは強みであり、それが建築の寿命を延ばすことにもつながると実感しました。

もう一人紹介したいのが、香川の最後の現役の職人である松葉隆司さんです。実は松葉さんも定年までは鉄筋工の仕事をされていたそうで、退職後に頼まれて茅を葺くようになったそうです。ひいおじいさんの代から続くという茅葺職人の家系で、10代の頃に手伝いをしながら教わったので、

図4 「四つ足堂」の修理をする松葉隆司さん（香川県まんのう町）

葺き方がわかるということでした。四国は、こうした他に仕事を持ちながらも茅葺に関わってきた方たちが、伝統技術を伝えていることがわかりました。

その松葉さんに見せていただいたのが、香川県まんのう町の町指定文化財の「四つ足堂」という小さなお堂でした[図4]。このお堂は下福家《しもふけ》という集落の共有財産で、みんなで協力して葺き替えをしてきたそうです。「地元のお堂は地元で修理するんだ」と松葉さんはおっしゃいます。「そうは言ってもどうするんだろう」と思って、カヤの採集について行きました。すると地元の皆さんが準備万端で待ち構えておられて、私たちが到着すると休耕田に自然に生えたススキを「これがいいカヤ」とおもむろに刈り始めるわけです。地元にはもとは茅葺の建物が多数あったそうで、皆さん慣れた手つきでどんどんカヤを集めておられました。午前中で「差しガヤ」に必

要な分を全部刈り終わる早業でした。

こういうたくましさに惹かれます。茅葺は、専業の職人だけの技術ではなく、手伝いながら習得した人々が活躍する生活技術でもありました。職人ではないけれど屋根葺ができる、葺き替えまではできないけどカヤの集め方は知っている。そうした技術者の中間層と呼べるような方たちの活躍を見たわけです。今は文化財を葺くような特別な職人と、何も知らない素人という二極化が進行して、茅葺は一般の人には縁のないものになりつつあります。かつては生活の一部として技術を保有していたこの中間技術者がどんどん失われていることが、茅葺の減少に拍車をかけているように思いました。

茅葺の茶堂との出会い

そんなときに愛媛県西予市の文化財関係者から相談を受けたのが、西予市城川町・野村町に残る茅葺の茶堂でした［図5］。茶堂は、四国の南西部の山間部に多く残っていて、先ほどの香川県の「四つ足堂」と同じく1集落に1棟建てられていた集落の共有財産です。建物は道筋に建てられ、集落の寄り合いや葬儀、祭礼、食べ物やお茶を出して旅人をもてなすような空間として使われてきました。1間四方から1・5間四方程度の小規模な吹き放ちの建物で、誰もが立ち寄りやすいお堂です。茶堂は、どこも茅葺で葺かれていたのですが、瓦葺や金属葺への変更が進んで、今でもまとまった棟数の茅葺の茶堂が見られるのは、相談を受けた愛媛県西予市の城川町・野村町と、その隣の高知県梼原町ぐらいになっていま

図5　一緒に活動することになる西予市の文化財関係者の皆さんと茅葺の茶堂

す。西予市では、茅葺の茶堂が１９７８年の調査では52棟残っていたそうですが、今では16棟にまで減っているとのことでした。文化財関係者としては、なんとかその16棟を茅葺のまま残したいが、地元の皆さんからすれば、子どもや孫の時代にお荷物にならないように、今のうちに耐久性の高い屋根材に葺き替えたいと考えているという相談でした。

ここで高知県梼原町の茶や谷茶堂を紹介します。茶や谷茶堂は、道ゆく人にお茶を出す接待文化が残っているところです。そうと知らずに朝7時に茶堂の前で写真を撮っていると、地元のお父さんに「ちょっと」と呼び止められ、お茶を出して頂いたのです[図6]。お茶を飲みながら茶堂に腰掛けて地域のお話を聞くという貴重な体験で、その受け継がれる生きた茶堂文化に会った感動は、大変大きなものでした。

そのときに、もう1つ気になったのが棟仕舞いでした［図7］。檮原町では、棟の縄の縫い目から雨が洩らないよう、カヤの束を目に伏せるのですが、ここの茶堂は束が太く、素朴な形をしていました。職人の仕事とは少し趣が違うわけです。聞くと、地域の人たちで数年に一度この部分だけ修理をしているということでした。屋根全体の施工は職人に任せるようになったそうですが、傷みやすい棟だけは住民たちで定期的に更新するのだそうです。屋根の工事はハードルが高いと思われるかもしれませんが、茶堂のような小さな建物の小修理であれば、足場を組まなくても梯子で上がれるため、今でも地元の人たちで修理が可能なのだそうです。

図6　茶や谷茶堂での接待（高知県梼原町）

図7　茶や谷茶堂の棟仕舞（左）と職人の棟仕舞（右）（高知県梼原町）

この屋根を見たときに、この地域にだけお茶で接待する文化が残っていることと、屋根の修理の慣習が残っていることは、偶然の一致とは思えませんでした。よくコミュニティが弱体化して茅葺が維持できなくなったと聞きますが、茅葺を葺かなくなったからコミュニティの結束が薄れていった側面もあるのではないかと思います。茅葺は手間がかかりますが、その共同作業を通して、地域への愛着や地域文化への理解が醸成されるのではないかと思います。

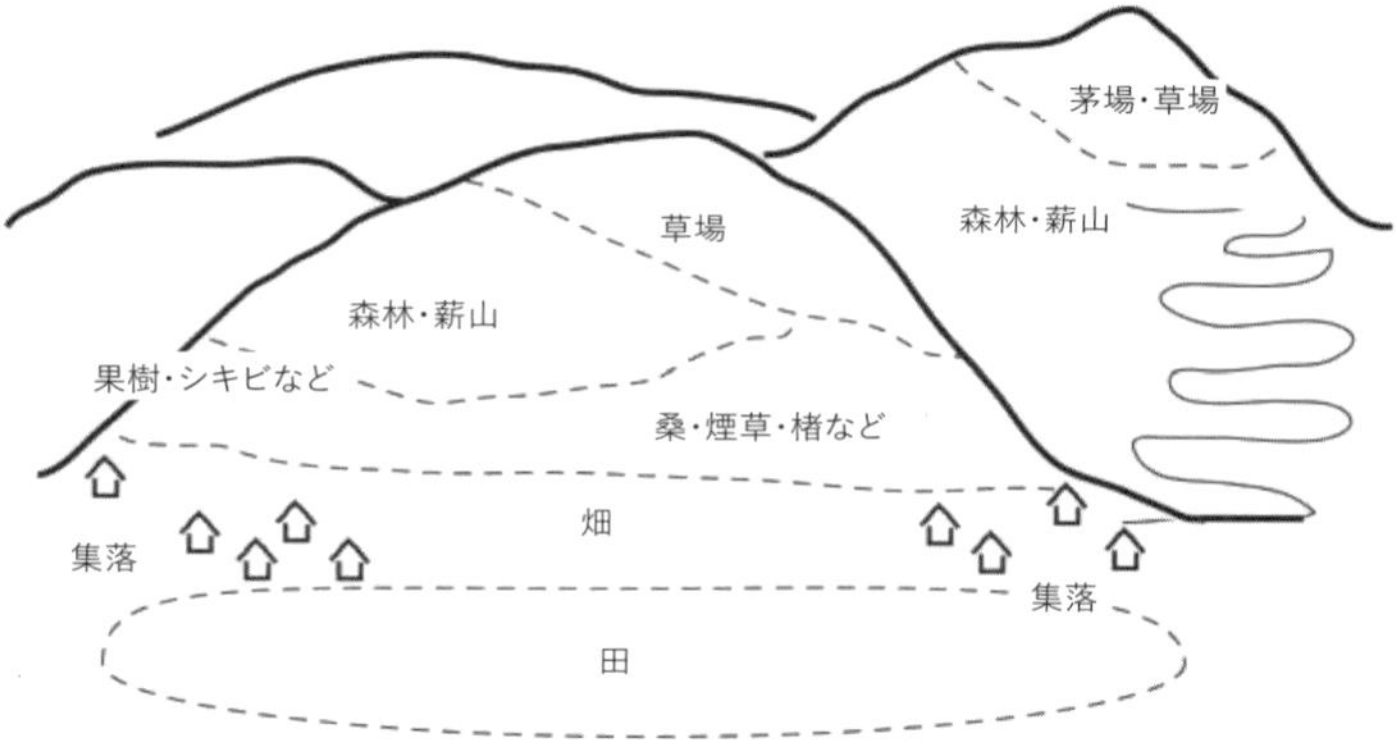

図８　四国の山間集落の土地利用（出典：笹木篤ほか「現代に残る茅場の伝統的管理システムと茅葺民家集落についての研究：「井内の茅場」の伝統保存と地域住環境の再生への展望」『住総研研究論文集』41、2014）

茶堂の茅葺屋根をその地域で葺き替えていく

こうした経験を通して生まれたのが、相談のあった愛媛県西予市の城川町・野村町の茅葺の茶堂を、みんなで葺く実践の場にするというアイデアでした。それを担う人を、集落の外から公募しようと考えたのです。地域で大切にされている茶堂は、新しい人を招き入れての共同作業や技術の伝承の場としてもっとも相応しいと思ったのです。まず、誰が施工を指導をするかが問題になりますが、西予市の隣の高知県梼原町に、「自分一人でも茅葺の茶堂を守る」と常々仰っていた最高の茅葺職人の親方がいて、二つ返事で引き受けてくださいました。むしろ、難航したのはカヤ場のほうでした。他県で購入したカヤを持ってきた場合、先ほどの徳島や香川のように近場の休耕田で自らカヤを採取するような、たくましい発想や文化の継承が見込めないと思い、できるだけ自分たちで刈りたいと考えたのです。

かつて四国の山間部のカヤ場は山のてっぺんにあり、山を焼いて維持されていました［図8］。麓の集落付近は耕作地だったからとも言えますが、風があたり、寒冷で痩せた土地のほうが、硬くて細い良材がとれたようです。西予市の城川町・野村町も、集落ごとに山にカヤ場があったようですが、すでになくなっており、なんとか新たなカヤの採取場所を見つける必要がありました。最初に考えたのが、今でも山焼きをしている場所で刈らせてもらうことです。

四国では、愛媛県四国中央市と徳島県三好市でまだ山焼きをしていることがわかり、早速行ってみると、見事なススキ原が広がっていました。四国の昔の茅場はこんな風景だったのだろうと感激したのも束の間、ススキを刈るのは断念することになりました。実はどちらも山焼きは観光のためであり、ススキ原の眺めは大事な観光資源だったのです。しかし、ほどなくして西予市の最高峰、標高１４００ｍの大野ケ原という地区で、カヤを刈らせてもらえることになりました。大野ケ原は茶堂と同じ野村町にあり、市内の茶堂のためのカヤを刈るという趣旨に大野ケ原の方が賛同してくださったためでした。これで茅の採取から葺き替えまでのすべての実践が、１つの市の中でできる見通しが立ちました。

茶堂の葺き替え工事の参加者は、西予市全域から募集することにしました。茅葺の茶堂がたくさんあった時代は、「茅葺屋根（需要）」「屋根を葺く人（技術者）」「カヤ場（資源）」はすべて1つの集落の中にそろっていました。しかし、今は西予市の茶堂は、「茅葺屋根（需要）」だけになって、維持が困難になったわけです。そこで、「屋根を葺く人（技術者）」は隣接する高知県檮原町の職人や西予市全域から募集した皆さん、「カヤ場（資源）」は新たに大野ケ原で刈らせていただくことで、広域で同様の茅葺を維持する仕組みを再構築できるのではないかと考えたのです。各地点が車で1時間ぐらいの圏内に収まったので、自分たちで地元の茶堂を守るという雰囲気は残せるのではないかという思いもありました。

　西予市に残る13棟の茶堂は、1年に1棟ずつ順番に葺き替えることにして、研究室の主催でまずは3年間実施することにしました。参加者の公募は、地元の新聞に1万2千枚の折り込みチラシを入れて、「本気で取り組んで頂ける方」「3年間続けて参加できる方」と書いて募りました［図9］。工事をする茶堂は、集落への交渉役を西予市教育委員会が担ってくださったおかげで無事見つかり、同じメンバーで、1年に1棟、毎年カヤを刈って葺き替えるというのを3年間繰り返すプログラムを立ち上げることができました。その後もこのプログラムは続いており、２０２４年秋には6棟目の工事を予定しています。

図9　公募の案内チラシ

土日開催と地域の協力

　公募で集まった7名の方は、年齢層が20代から60代まで様々でした。公募の時点から作業日を土日のみに設定して、普段別の仕事をしている人でも茅葺に取り組めるようにしました。今は農村でも勤めている人が多く、そうした方でも参加できるプログラムでないと続かないと考えたからです。

年	2019	2020
日数	5日	5日
使用量	2尺〆250束 （阿蘇購入200束＋古茅50束）	2尺〆300束 （講座100束＋大野ケ原購入200束）
参加者	受講生7名 ＋地区＋大学＋市教委	受講生5名 ＋地区＋大学＋市教委
古茅	施肥	施肥
写真		

図10　1年目と2年目の結果の概要

1年目の専門家は親方一人だけで、ほかは全員初心者でした。民家の構法のすごいところは、そんな素人も参加して、ワイワイ言いながら一緒につくることができる点だと思います。

また、茅葺茶堂のコンパクトさも、運営上大きなポイントになりました。大きな主屋を葺き替えるとなると土日だけの工事では工期が長くなりすぎ、カヤを集めるのも大変だったと思います。茶堂の葺き替えの工期は5日ほどで済み、短期間で軒先、隅、棟という技の要所をすべて体験することができるので、実習にはぴったりだったのです。また、葺き替えに必要なカヤも250〜300束ぐらいなので、自分たちで刈ったカヤと購入したカヤで毎年何とか準備することができました[図10]。実は大野ケ原では雪が降るため11月末からの2週間ほどしか茅刈りができず、翌年の工事に必要な量を刈りきれないことが多々ありました。収穫量も年によってまちまちでしたが、阿蘇の茅葺職人や大野ケ原の農家の方が販売用の茅を融通してくださり、なんとか毎年葺き替え工事ができたのです。

やってみてわかったことが2つあります。1つは、軽くて扱いやすいカヤという素材の魅力です。茶堂は昔の細い道沿いに建っているので、車が横につけられないことも多くありました。しかし、カヤの1束は「1人で持てる大きさ」というのが基準のようで、人の力だけで1束ずつ転がしたり投げたりして運ぶことができるのです。乾いたカヤは女性でも運べます。そうした誰でも参加できる作業があるのは魅力で、みんなで運んでいるうちにどんどん団結するわけです。このカヤを運ぶ作業は、講座の人たちだけでなく、地元の方が相当手伝ってくださいました。例えば1年目は茶堂が車道からかなり離れている現場で、茶堂までカヤをどう運ぶかが課題だったのですが、地元の皆さんが崖の上の車道からカヤを転がして落とし、バケツリレーで運んでくださったのです。そして、これはどの茶堂もそうですが、降ろした古いカヤはゴミにはならず、肥料として地元の方が素早く畑に入れてくださるのです。農村だからこその、廃棄物の出ない現場は、大きな驚きでした。

2つめは、茶堂が地域にとって大事な建物だということです。工事をしたどの集落も、地域の茶堂だから手伝うのが当然という雰囲気で、「屋根には上がらないが、カヤを運ぶのだけは地元も手伝う、休憩の準備はする」とおっしゃるのです。土日開催は当初受講者のためでしたが、実は地元の方にとってもよかったのだと思います。土日開催にしたことで地元の平日は勤めている若い世代も参加してくださり、講座の関係者だけで工事を終えてしまうということを免れました。どの茶堂も、20〜30年前の葺き替えのときには集落の相互扶助だけで葺き替えたという、地域の結束の強いところで、当時その様子を見ていた60歳前後の世代が、今回の工事でも記憶を呼び起こしながら手伝ってくださいました。

建築史家の伊藤ていじは、著書の『屋根』で、屋根の棟には「棟仕舞」と「棟飾り」という2つの呼び名があることを指摘しています。「棟仕舞」が技術的側面、「棟飾り」が社会的側面を表す言葉のようです。今の研究者や大学生は、建物が残っていれば「棟仕舞」は調査できるのですが、「棟飾り」と言われる所以を見聞きする機会はほとんどなくなっています。大学でなぜこうした活動をするのか疑問かもしれませんが、毎年茅葺の活動をすることは、「棟飾り」と呼ばれる民家のもう1つの重要な側面、つくることを支える地域社会の存在や、屋根の完成を寿ぐ感動を追体験するという、大きな意味があったと思っています。茅葺の茶堂は13棟あるので、13年は続けられそうです。でも13年経つと、最初に葺いた茶堂が葺き替え時期を迎えるので、これはエンドレスに続けられる活動なのではないかと思っています。その頃には、私も含めて、参加した皆さんにとって、西予市の茶堂のある地域が第二の故郷になっていると思います［図11］。

図11　1年目（2019）の集合写真

銭湯とまちの生態系を編み直す

MAKER 06　栗生はるか

自ら暮らす文京区をより知るために活動を始めた栗生はるかは、これを続けるなかで銭湯を中心とした地域の生態系の記録や保存、継承に関わっていく。銭湯を山車にしてまちを練り歩くなど、これまで繰り出されてきたアイディア溢れる活動は、建築や都市の専門家が持つ知識や能力のポテンシャルの高さを示す。同時に、これだけやっても歴史ある建物が失われていく現実の厳しさをも思い起こさせる。

まちの豊かさとは？

私は建築意匠の研究室を出た後、舞台美術やテレビセットなどを手がける会社で、主にイベントの仕事をしていました。その後、建築教育にも関わりながら、地域活動をしています。その始まりは、「まちの豊かさとは何か？」と考えたことでした。

もともとお祭りが好きで、祭りの際に道や広場に仮設物が出され、場が立ち上がる様子に興味があり、学生時代にヴェネツィアに留学しました。イタリアは古代、中世からの古い街並みがほとんど変わらず残っているので、人々はそこに仮設物を置いてまちの表情を演出することに長けています［図1］。そうしたまちの公共空間の使われ方の調査を1年間続ける過程で、そのような場所で多様な世代の人々が、日常的に交流している様子に触れる機会が多くありました。人が集まる場所が豊富にあって、そこにはご近所さんがいて、自分たちのまちにとても愛着を持っている。そしてその人たちが語りたくなる歴史や文化がそこにある。「まちの豊かさとは何か？」を考えさせられる経験でした。そうした経験を元に、地域の魅力を掘り起こし共有することや、多様な人々のまちの居場所を考えることをテーマに、今まで活動を続けてきました。

図1　歴史ある街並みの活かし方のリサーチ（シエナ）

２０１１年から「文京建築会ユース」という会の活動を牽引しています。文京区には「文京建築会」という、建築士会の文京支部と建築家協会の文京支部が一緒になった地域会のような組織があり、その若手団体として始まったのが文京建築会ユースです。私は文京区育ちですが、そもそも当時、自分が育った地域をよく知りませんでした。集まっているメンバーも、文京区に在住、在勤の若手の建築関係者が多かったのですが、同様に地元を知らない状態でした。

　そのような中、最初のとっかかりとして行ったのが、文京区内の狛犬リサーチです。30か所、60体をすべて見て回り、背を測ったり胸囲を測ったりして、それをリスト化し背の順に並べてみたり、それから豆腐屋さんの豆腐を比べてみたり、和菓子屋さんの団子の数を数えてみたり、看板建築を集めたり、喫茶店の看板を記録してみたり。「文京グラフィック」

と名付けてメンバーの好きなテーマでリサーチを繰り返していきました。こうした活動は楽しみながらやることが大切です。一見「くだらない」リサーチでも地図上にレイヤーとして重ねていくと、それらの関係性が見えてきて、地域が深いところでつながり、立体的に理解できるようになりました。

他にも「文京・見どころ絵はがき大賞」という、文京区の見どころを絵はがきにして応募してもらうイベントも文京建築会と一緒に毎年開催しています。今年（2024）で12回目を迎えます［図2］。

図2　狛犬を背の順に並べたポストカード（文京建築会ユースのグッズ）

毎年、応募していただいた600通くらいの絵はがきをすべて、文京区の形につくった台の上に実際の場所がわかるように配置し、見どころが一目で伝わる展示を行っています。地域の隠れた魅力を可視化し、子どもからお年寄りまで、様々な世代の地域愛を醸成する活動です。

地域の生態系

そうした活動の一つとして、区内のある銭湯を訪れた際、その銭湯が半年後には廃業せざるを得ないほど深刻な状況にあることを知りました。私たちはそこから、ひたすらなくなり続ける銭湯を「看取る」ことになったのです。この銭湯と出会った2012年には、文京区には11軒の銭湯がありましたが、2020年には5軒にまで減ってしまっています。

この期間、私たちは文京区内の銭湯の数々に、深く向き合うことになりました。まず調査に入ると、見事なペンキ絵やタイル絵、番台の細工など、職人技や店主のこだわりを感じるディテールが見えてきました［図3、図4］。また、ベビーブームの時代にベビーベッドがずらっと並んだ古い写真が出てきたり、ヒアリングから銭湯が公民館のように使われていた時代があったこともわかったりと、様々な歴史が掘り起こされました。銭湯の営業終了後には、深夜に店主が掃除をする光景があり、銭湯の裏側にまわれば、井戸から汲んだ水を地域の廃材を使って沸かす、エコロジカルな部分も見えてきます。ハンディキャップのある番頭さんが地域の人々に愛されながら働いていたり、地方から出てきて身寄りのないアルバイトの学生さんも家族のように大切にされていたり、紋切り型の現代社会の中で多様な人々の居場所になっていることも見えてきました。高齢者ばかりの場所かと思っていましたが、若い世代や子どもが訪れることも多く、多世代のコミュニケーションが存在しています。

図3　職人の技を感じる銭湯のディテール

図4　銭湯とともに消えゆく職人技

図5　銭湯の解体

　このような銭湯のほとんどは廃業した途端、あっという間に解体されました［図5］。解体現場にもすべて立ち会い、記録を取らせてもらったりもしましたが、なくなると本当に何も思い出せなくなります。地域の人たちに散々愛されていた場所にもかかわらず、何があったかもわからない状態になってしまう。銭湯の跡地にはどこにでもあるようなマンションが建ったり、駐車場ができたりします。

さらに深刻なのは、銭湯がなくなると、銭湯を生活インフラにしていた古い家や街並みが一緒に消えてしまうことです。築100年くらいの長屋が次の瞬間にはなくなっていたり、銭湯のお客さんが通っていた商店が同時に消えたりする。銭湯がなくなることは、まちが1つなくなるくらいのインパクトがあると言えます。そのような様子を目の当たりにして、銭湯を中心とした「地域の生態系」が存在していたことに気付かされました。東京の中でも文京区などは人口流入が激しく、マンション需要も高いので、建設用地として狙われやすいと言えます。こうして銭湯を喪失することで、「地域の生態系」は崩壊してしまうのです［図6］。

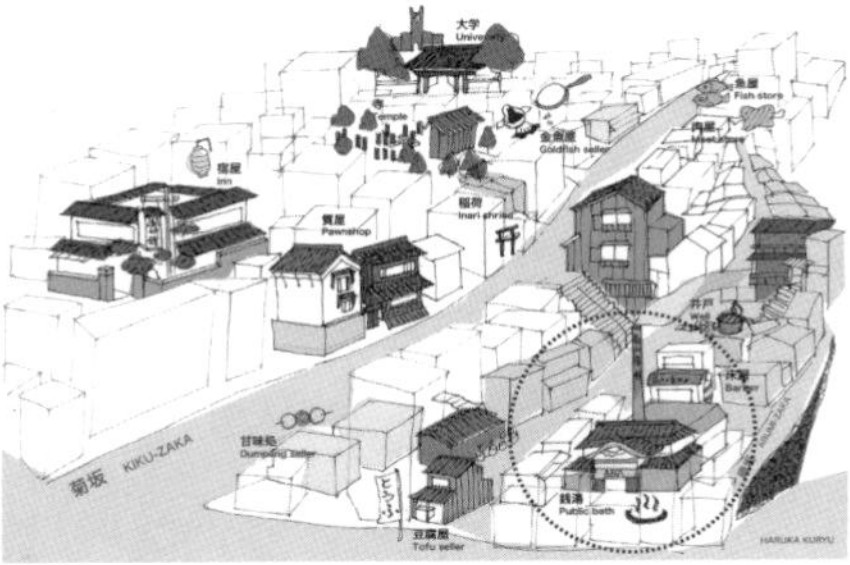

図6　地域の生態系の存在

記録し、伝える

そうした状況に対して我々に何ができるのでしょうか。東京の土地開発は本当にスピードが早く、営業中から地上げにあっているような状況も頻繁に目にしますし、閉店した途端に解体することも往々にしてあります。様々な再生・活用提案もしてきましたが、それらにストップをかけることはなかなか難しいのが現実です。その中で、せめて記録だけでも…という思いでこの数年活動をしてきました。

建物の実測をさせてもらったり、裏方の記録を撮らせてもらったり、天井裏に入り大工さんの痕跡や棟札がないか探したりもしています。また、3Dスキャンやドローンなども使って記録に残します[図7]。銭湯は庶民の場所ということもあり、記録が本当に残っていません。これほどにも大切にされていながらも写真1枚出てこないことばかりなので、改めてあらゆる角度から記録を残そうと考えました。建物の記録だけではなく、銭湯の歴史や地域の物語をヒアリングしたり、ときに、拓本をとったりもしました。

　こうした記録は展覧会のようなかたちで披露します[図8]。記録をわかりやすく伝えないと意味がないと思っているので、極力専門家以外にもわかるような図面を仕上げたり、写真集をつくったり、再現コーナーを設置したりして、子供からお年寄りまで様々な人に興味を持ってもらえるようにしています。そのような中でも銭湯は次々と廃業しており、それを受けて展示物を増やしながら区内外で巡回展を行ってきました。2021年には、国際交流基金の展示としてオーストラリアで開催された銭湯展にも協力しました。

　また、場合によっては、実際に廃業していく現場でも見学会をやらせていただいています。最初は嫌がっておられた銭湯主さんも、多くの人たちに愛

図7　3Dスキャナーを利用した記録
（データ提供：㈱松下産業、撮影協力：㈱ヤマイチテクノ）

図8　「ご近所のぜいたく空間"銭湯"」展（2013）の様子

でられている銭湯の姿を見て喜んでくれます。ひっそりと消えていくだけではなく、最後に華やかに見送り、人々の気持ちにインパクトを残すということも重要だと思えた瞬間でした。

継《つ》ぎ、接《つ》ぎ、次《つぎ》

こうした記録を残す活動に加えて、「まちをつなぐ」フェーズも設けています。まちを継承する「継《つ》ぎ」、まちのあらゆる要素を接ぎ合わせる「接《つ》ぎ」、まちのこれからを考える「次《つぎ》」という意味を込めて、〝まちつぎ〟と呼んでいます。建物は残らなくとも、そこにあった物語や記憶、コミュニティのつ

月の湯から引き取った品々

引取り品のタグ

図9 「まちつぎ―まちの物語をつなぎとめる―」展（2015）

ながりだけでも……すべてがなかったことになるのではなく、地域の今後のために少しでも何かをつなげられないか、という思いで活動をしています。

例えば、銭湯から引き取ってきた物品に、来歴を記載するタグを付けて、文京区役所などでゲリラ的に展示を開催したことがあります[図9]。学生寮が近くにあった銭湯だったこともあり、これには、日本全国からこの銭湯の利用者だった方が来てくれました。

展示以外にも、歴史や物語のあるそれらの品々を引き取って、活用いただけるところに斡旋することもしています。古い銭湯の場合、ペンキ絵はキャンバス地に描かれているので、それを

図10　立派な富士山のペンキ絵は、世界遺産の関係で富士市へ

巻き取って引き取り、世界遺産の関係で富士市に引き取ってもらったり［図10］、九谷焼とも言われている手描きのタイルはタイルの生産地である多治見のモザイクタイルミュージアムに寄贈し、常設展示してもらったりしています。また、物品だけではなく職人技を引き継ぐ意味で、ペンキ絵師さんに屋外でライブペインティングをしてもらったり、まちの「次《つぎ》」を考える意味で、現役の銭湯の招待券を不動産屋さんから地域住民に配ってもらったりもしました。

　さらに、銭湯を廃業する理由は様々で建築の専門だけではどうにもならないので、多様な専門家を集めて勉強会をしたり、保全活用提案のために耐震診断をしたりもしています。

　銭湯の廃業を食い止めるまでには至りませんが、これらは徐々に大きなムーブメントになっていきました。

また、銭湯のような場所を地域につくる取り組みも行っています。文京区の根津にある、築100年以上の長屋の一画を借りて地域に開き、旧町名（藍染）からとった〈アイソメ〉と名付けた地域サロンをつくりました［図11］。この場所はもともと神酒所として、お祭りのときに地域の方が集まる場所だったので、その文脈を引き継いで活用しています。昔からまちの広場のように使われている藍染大通りという道に面していて、ご近所付き合いも残っています。開くとふらりと人が立ち寄り、銭湯のような場所に育ってきています。

実はそのような場所が区内でも最近

築100年以上の長屋を拠点に

まちの広場のような道に面している
（撮影：澤田圭司）

図11 "ニュー井戸端"の一つ、地域サロン〈アイソメ〉

増えてきており、空き家や、再開発前の空きビルの一画などに、地域に開いた居場所がつくられ始めています。私たちはそれらを"ニュー井戸端"と名付けてリサーチしています。このような状況を見ていると、銭湯という住人にとって親密なまちの居場所が消える一方で、コミュニティ自体は有機的にたくましく引き継がれているようにも感じます。

〈アイソメ〉のほかにもう一軒、空き倉庫だった場所を地域に開いて〈UPCYCLE SALON 白山倉庫〉と名付けて活用しています。そこは、地域の廃業する銭湯や旅館、喫茶店等から引き取った物品を置く場所としても使っ

図 12　銭湯山車組み立てパーツ一式
製作、運営を担う銭湯山車巡行部：栗生はるか、三文字昌也、内海晧平、村田勇気

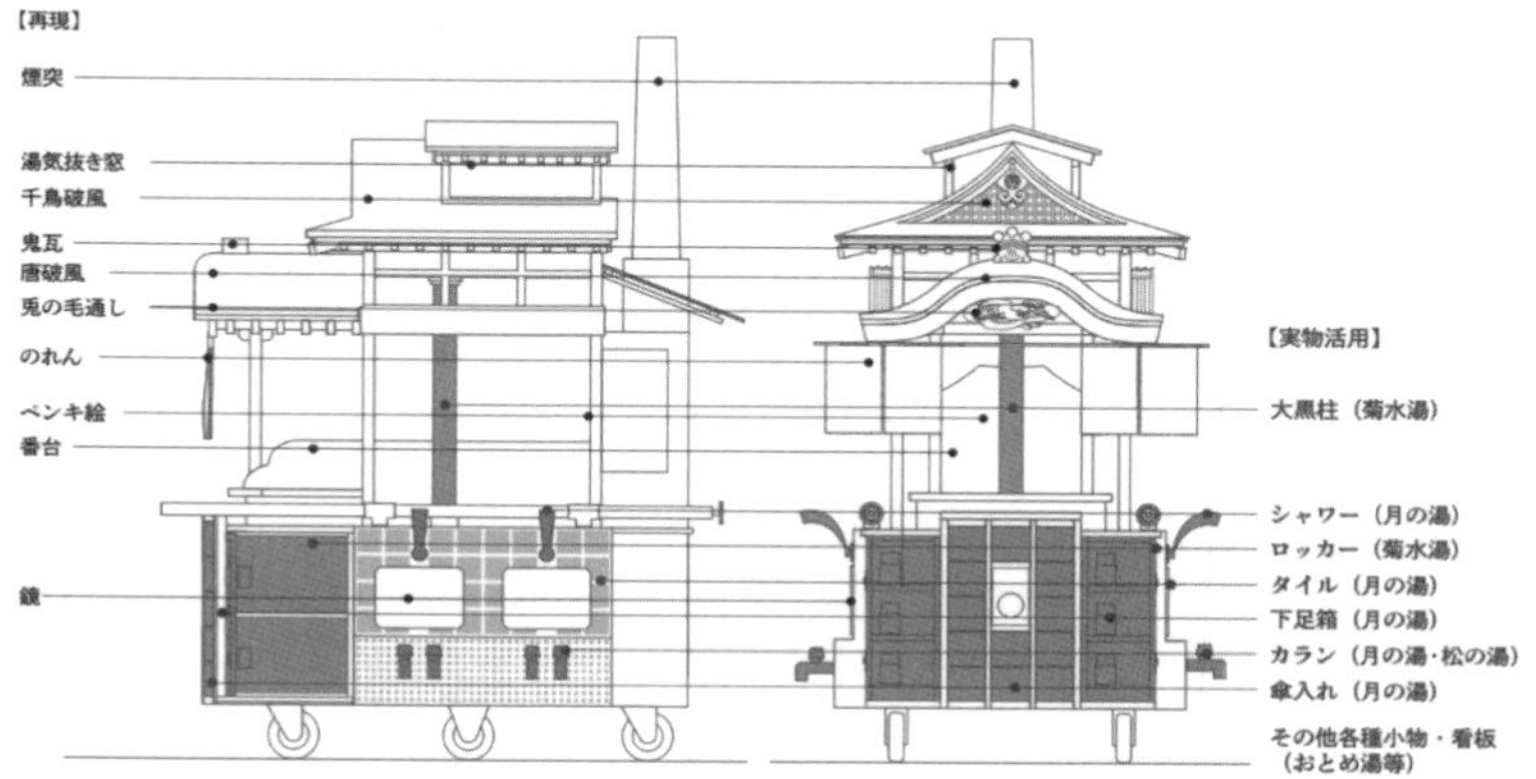

図 13　銭湯山車立面図（2020）

図14　銭湯山車巡行の様子

ています。

引き取った物品は倉庫の装飾としても活用していますが、先日、銭湯のそれらをブリコラージュして「銭湯山車」というものを仲間たちとつくりました［図12、図13］。「今はなき銭湯を弔い、今を生きる銭湯を寿ぐ」をテーマに「銭湯山車巡行」という祭りを開催しています。廃業した銭湯の物品を活用するだけでなく、その銭湯の常連だった彫刻家（村田勇気）が、銭湯の大黒柱から、山車用の唐破風を彫るなどしてつくり込み、国際芸術祭・東京ビエンナーレ2020／2021に出展。組み立てた山車を引いてまちを巡行しました［図14］。廃業して山車のパーツになった銭湯の近くでは、かつてその銭湯に通っていた住民の方々が銭湯の遺影を抱えて待っていてくれることもありました。一瞬だけではありますが、かつて存在していたあたたかな地域のコミュニティが再現されるひとときでした。これも、一つの〝まちつぎ〟と言えます。

再生へ

ここまではほとんど「看取る」フェーズで、実際に場所を残すことは難しかったのですが、いろいろと行動を起こすことで似たような思いを持った協力者が増えてきて、徐々に風向きが変わってきた感じがしています。

文京区ではないですが、文京区での活動を知って声をかけてくださった方のつながりで、隣の北区にある「滝野川稲荷湯」という銭湯に２０１８年から関わっています。ここは戦災で焼け残った古い

図 15　稲荷湯が掲載されたワールド・モニュメント財団 HP の一部

街並みが残っており、稲荷湯も通称「宮造り」と呼ばれる立派な東京型の銭湯です。まず、２０１９年に国の登録有形文化財に申請するお手伝いをしました。銭湯、とりわけ東京の銭湯は非常に立派ですが、ほとんど文化財にはなっておらず、これが都内で2軒目でした。ただ、後ろには高層マンションが建ち始めていて、いつどうなるかわからない状況でしたし、登録有形文化財はあまり資金的な援助も潤沢ではないので、併せてニューヨークを本拠地とするワールド・モニュメント財団という海外の財団にも応募をしました。2年に1度の選考に世界中から応募が集まりますが、驚くべきことに稲荷湯は、ノートルダム大聖堂やマチュピチュ

の文化的景観などの世界遺産レベルのものと肩を並べて、２５０件のうちの25件に選ばれる快挙を成し遂げました［図15］。

その後、アメリカン・エキスプレスと財団から、およそ20万ドルの支援をいただくことができました。その資金で１９３０年に建てられた稲荷湯の建物や薪置き場の修繕・耐震化に加え、１９２７年に移築されてきた従業員が昔使っていた隣の長屋を再生して、地域に開いた場所にしました。かつて銭湯は湯屋と呼ばれ、2階には利用者がくつろぐスペースがあったので、そのような場所をイメージした湯上り処兼地域サロンです。地域に長く愛

図16　稲荷湯長屋再生プロジェクト、解体調査の様子

される場所となるように、傷んでいた土壁を落とし、新たに土壁をつくるワークショップを、左官職人と竹小舞を編むところからやったり、タイル貼りなど簡単な作業で地域の方々にも参加してもらったりしながら、完成することができました［図16］。長屋は現在、銭湯とまちの生態系を編み直す場として、大いに活躍しています。また、これを機に、稲荷湯だけでなく日本全国の銭湯をサポートする思いで、「せんとうとまち」という一般社団法人も立ち上げました。

この稲荷湯の件に合わせて、最近私の関わった他の事例でも少しずつ状況が変わり始めています。銭湯からは離れますが、文京区の本郷界隈の歴史を物語る某旅館が、例によって解体されて安易に開発されそうになっていたところを、志のある地元企業さんが入ってくれて何とか保全活用の方向に進んでいたり、白金台にあった旧渡辺甚吉邸という邸宅を、

ゼネコンの前田建設工業さんが移築再建する事例なども出てきました。歴史的文化的な建物は本当に何も残らないと諦め続けてきましたが、前向きな動きがここ数年で生まれてきています。少しずつですが、潮流が変わりつつある気もしています。

誰もやらないけど大切

このようにして、なぜ「継《つ》ぐ」ことを始め、そして続けているのかと言えば、「やる人がいないから」というのが本音です。こうした活動に対して、私は正直、まだ楽しいとは胸を張って言えません。本当に大変だし、つらいし、投げ出したいと思ったりもしますけど、大切だと思うので今は使命だと覚悟してやっています。

数日前にもご近所の富士見湯さんの解体工事がありました。廃材の中には今や手に入らないような非常に立派な木材の梁も混ざっていましたが、そういうものもゴミ処理場で燃やされるかチップになるのが東京の現状のようです。一方で、銭湯の中にはまだ薪で営業しているところもあり、そのような銭湯は、街中から木造家屋の廃材が出なくなると薪が手に入らずに営業が難しくなります。燃料も高騰する中、薪をどうにか調達できないかという声が上がる一方で、ゴミ処理場で安易に廃棄される立派な木材(もちろんそのまま利活用されるのが一番なのですが)……バランスの崩れを感じます。

また、何より住民たちに非常に惜しまれながら銭湯が解体される真裏で、新たに高層ビルの開発が進んでいる状況は、建築に携わる者として看過できないと感じてしまいます。

稲荷湯の長屋の建具を直してもらった建具屋も、

今まさに解体されようとしています。大将は88歳でも現役の大変腕のいい方です。他の区からわざわざ頼みに来られるほどだったようですが、ほとんどがアルミサッシになった今では仕事もなく、「アルミサッシの相談をされるくらいなら辞めたい」と、半ば不貞腐れて廃業してしまいました。解体されると聞き、急いで記録を取りに向かったところ、特注の道具もすべて捨てるという話だったので、引き取ってきました。東京にはこういう建具屋はもうほとんどありませんし、技術も道具もすべてがなくなってしまうような状況です。カンナくずも、以前はまとめて置いておくと近所の銭湯が燃料として持っていってくれたようですが、最近は銭湯もなくなり、関係性が切れてしまっているようです。

こういった貴重な文化や歴史、技術、地域との関係性の喪失が誰も知られることなく東京中、日本中で起きているのではと思います。今の都市の開発の多くは、長い間培われていた地域の歴史や物語、地域住民同士のつながりなどを一瞬にして断ち切り、すべてリセットした上につくられます。建て替えられた後には、そこにあった豊かな日常も、そこに何があったかさえも思い出すことができなくなります。一種の災害に近いものだと感じています。

また、つくる際には言うまでもなく、利用者や周囲の人々が次世代に「継ぎたい」と思えるような、大切にされるものをつくる責任もあるでしょう。

そこにあったものを引き継ぎ、またそれを次世代につなぐ活動を今後も続けていきたいと考えています。

第二章

つくる×材料

素材をクリエイティブに掘り起こす

MAKER
07

東野唯史　Tadafumi Azuno

ReBuilding Center JAPAN 代表
Founder & CEO of ReBuilding Center JAPAN

1984 年生まれ。名古屋市立大学芸術工学部卒業。2014 年より空間デザインユニット medicala として妻の華南子と活動開始。全国で数ヶ月ごとに仮暮らしをしながら「いい空間」をつくりつづける。2016 年秋、地域資源のリユースカンパニー ReBuilding Center JAPAN を長野県諏訪市に設立。ReBuild New Culture を理念に掲げ、次の世代に繋いでいきたいモノと文化を掬いあげ、再構築し、楽しくたくましく生きていける、これからの景色をデザインする。

MAKER
08

一杉伊織　Iori Hitosugi

TOOLBOX 執行役員 / デッドストック工務店
TOOLBOX, Deadstock Komuten

1983 年静岡県生まれ。慶應義塾大学文学部民族学考古学専攻修了後、京都で町家の改修等に従事しながら建築を学ぶ。古民家再生を手がける設計事務所にて設計・監督・職方を経験後、2011 年より内装サービスを提供する東京 R 不動産の新サイト「toolbox」に合流。建材の開発及び販売、住宅・オフィスの施工を中心に、空間づくりの手立てを提供している。プライベートでは、産業廃棄物で空間をつくる建築集団「デッドストック工務店」をオーガナイズ。

MAKER
09

水野太史　Futoshi Mizuno

水野太史建築設計事務所 / 水野製陶園ラボ代表
Futoshi Mizuno Architects, MIZUNO SEITOEN LAB.

1981 年愛知県生まれ。2000 年京都工芸繊維大学造形工学科入学。2003 年常滑市の賃貸集合住宅（本町のテラスハウス）の企画と設計を手がけるために休学。2006 年に同大学建築コース卒業。6 月に本町のテラスハウスが竣工し、建築家としてのキャリアをスタート。2008 年常滑市の都市計画案「トコナメレポート 2010」を常滑市長に提案。2014 年に水野製陶園ラボを設立。2015 年からイベント「トコナメハブトーク」を共同で企画運営。共著に『地方で建築を仕事にする』学芸出版社。2022 年から名古屋造形大学非常勤講師。2023 年「第 18 回ヴェネチア・ビエンナーレ国際建築展」日本館展示出展。

古材のアップサイクルから新しいカルチャーをつくる

MAKER 07　東野唯史

解体される古民家やビルから、部材や建材、家具から小物までを「レスキュー」し、設計に活用したり一手間を加えて販売する。長野県諏訪市のReBuilding Center JAPAN、通称リビセンは、レスキューの拠点となるリユースショップであり、レスキューした小物を販売したりワークショップも開催する地域文化の拠点でもある。東野唯史は、次世代につないでいきたいモノと文化を掬いあげて、楽しくたくましくこれからの景色をデザインしていく。

デザインで世界をよくする

僕は１９８４年生まれで、２００３年から２００７年まで、名古屋市立大学で建築を学びました。教員にはいろいろな分野のデザイナーがいて、グッドデザイン賞の審査委員長をされていた川崎和男先生もその一人でした。1年生の最初の授業で「お前らはデザインで世界を良くしろ」と言い放たれたのを覚えています。「デザインを勉強すると世界を良くできるんだ」と18歳の僕は思い、そのまますくすく育っていきました。

卒業してから3年弱の間は、ディスプレイデザインの会社に勤めました。広告的な要素が強い空間デザインが主で、3日間の会期後には全部捨ててしまうような、消費されるデザインでした。ただし、年間100件くらいのデザインができたので、このときの経験や身につけたスキルは今でも生きていると感じています。

その後、2010年から1年間、世界一周の旅に出ました。旅に出る大きいきっかけが、「Design for the Other 90%」というニューヨークで開かれた展覧会です。デザインは世界人口の上位10%の豊かな人しかその恩恵を受けていないという前提から、残りの90%にデザインが何をできるか提案するという内容でした。その中で一番感動したのが〈Qドラム〉というプロダクトです。水道がなく遠くの川まで水汲みに行かなければいけない地域で、子供1人でも50ℓ以上の水を運ぶために、円筒系のドラムを転がして運べるようデザインされたウォータータンクです。こうしたデザインをするには、そもそも社会課題を知らないとできないということに気づき、日本から西廻りに出発して、世界40ヶ国くらいを巡りました。旅の途中、アフリカの孤児院でボランティアをしたのですが、パソコンもプリンターも電気もないような場所で、CADやキーノートがないと仕事ができないデザイナーは本当に役立たずだと実感しました。ちゃんと地に足をつけて、自分の腕一つで人のためになれるデザイナーになろうと決めました。

〈Nui.〉を通して現場との向き合い方を知る

帰国後の2011年1月、26歳でフリーランスのデザイナーになりました。展示ブースのような消費されるデザインではなくて、できれば10年、20年と長く残っていくようなリノベーションをやっていきたいと考えていました。自分が持っているデザインスキルとして空間デザインがあったので、そのスキルの延長で社会課題にアプローチすることができるからです。しかし、実績のないデザイナーに仕事なんてこないので、自宅をＤＩＹで改装することから始めました。50m^2、総工費20万円と超低コストで完成したのが〈メヂカラハウス〉です［図1］。友達にも手伝ってもらいすべてＤＩＹでつくりました。床はホームセンターで購入した木材をカラフルにオイル塗装しました。このプロジェクトでメディアに出させてもらえる機会が増えました。

図1　〈メヂカラハウス〉

一番大きい転機になったのは、２０１２年に頂いた、東京の蔵前にある〈Nui. HOSTEL & BAR LOUNGE〉というホステルの仕事でした［図2］。クライアントワークでリノベーションをしたのはここが初めてです。１千m^2のビルを1棟まるごと頼まれて、「このチャンスを逃したら自分のデザイナー人生終わりだ」と考えて取り組みました。この現場では本当にいろいろやらせてもらって、当時一緒につくった大工さんたちと今話しても、「あんな現場はもうできないね」と口を揃えて言うくらい、みんなの熱量がすごいプロジェクトでした。当時の現場は「ジャズみたいな感じだった」と大工さんたちと話したことがあります。他の人がつくっている様子や、その場所にある材料を見て、各々がつくれるものを考えました。みんなの実力以上の空間をつくらなきゃいけないというプレッシャーと、施主の気持ちに答えた

図2 〈Nui. HOSTEL & BAR LOUNGE〉内観

いという思いとが、うまくバランスした感じでした。

この後、ReBuilding Center の方向へと向かったのも、このときに出会った大工さんの影響が大きかったと思います。一応、僕が〈Nui.〉のデザイナーになっていますが、ラウンジの細かい図面は一切描いていなくて、大工さんたちが勝手に決めたところがたくさんあります。メディアには、デザイナーや設計者ばかりが出てきて、職人たちはなかなか出てきません。ですが、彼らは自分でデザインし、材料を集め、つくることができる。デザインができることだけじゃ強みにならない、僕もちゃんと手を動かして、自分のデザインを現場で実現していく人になろうと、このときに思いました。

2014年からは、妻と一緒に「medicala（メヂカラ）」というユニットで活動をしていました。北は宮城県気仙沼市から、南は大分県竹田市まで、いろいろなところに数ヶ月住んで、現地で材料調達して、そのとき出会った職人たちや、各地から来てくれたお手伝いさんたちと一緒につくっていくような働き方をしていました。

今は10件くらい同時進行で設計をしているのですが、このときは現場に住み込みだったので1件ずつプロジェクトを進めていました。こうしたやり方を選択していたのは、いい空間をつくるためには、現場で図面を描き、施主とのコミュニケーションも長時間とり、現場の隅々まで意識をいき届かせ、1件ずつ全力を注ぐ必要があるという考えからでした。2016年に長野県松本市にある〈栞《しおり》日《び》〉というブックカフェを手掛けたのちに、僕たちは長野県諏訪市で「ReBuilding Center JAPAN」という古材屋を始めました。

図3　解体される空き家

図4　レスキュー風景

解体される家から古材をレスキューする

日本の今の課題は、人口減少です。人口減少に伴い全国の空き家率が13〜14％くらいになって、これらがどんどん解体されていく状態にあります。それらから出てくる廃材のほとんどは再資源化されているのですが、そのほとんどがチップになって合板になっていたり、バイオマスエネルギーの熱源になって、古材として再利用されているのはごくわずかです。

ReBuilding Center JAPANでは、解体される家から古材や古物を買い取り、店に持ってきて販売をしています［図3、図4］。僕たちはこの一連の活動を「レスキュー」と呼びます。ただ不用になった物を引き取るだけでなく、きちんと店頭に並べ、価格を付けて販売して、次の担い手につなげていくという行為まで含めて、レスキューと定義しています。全体の95％以上は家主さんから直接依頼があり、レスキューに伺います。広告はまったく出していませんが、メディアに出る機会が多くて、それで知ってくれた人たちが、実家に帰ったときに僕らの話をしてくれて、

図5　ReBuilding Center JAPAN 3F 売り場

図6　古材売り場

広まりました。あと、片付けをする人のほとんどが60歳以上の方々で、そういうSNSを見ない世代の人たちには口コミで広がっていきます。依頼をしてくれた約半数が口コミで知った方で、一つひとつのレスキューで満足してもらうことが、次の依頼につながるのだと思います。

ReBuilding Center JAPANはお店ですから、営業時間中は見学可能ですし、ワークショップを毎月開催していますので、参加してもらえれば、古材に触れることもできます［図5、図6］。他にも、ReBuilding Center JAPANではサポーターズ制度を設けていて、実際の仕事を手伝ってもらう、有志の方を募集し

ています。古材・古道具の清掃、くぎ抜き、売り場の整備、一緒にレスキューに行くこともできて、業務を幅広く担ってもらう形です。

活動のモチベーション

　ReBuilding Center JAPANのベースになっているのは、アメリカのオレゴン州ポートランドにあるNPO法人ReBuilding Centerです。彼らは、コミュニティの強化と、地域資源の循環を目的としていて、これらを通して貧困層の就業支援を行っています。僕らは日本の社会課題から始まっているので成り立ちは違いますが、空き家を解体し

図7　レスキューナンバー

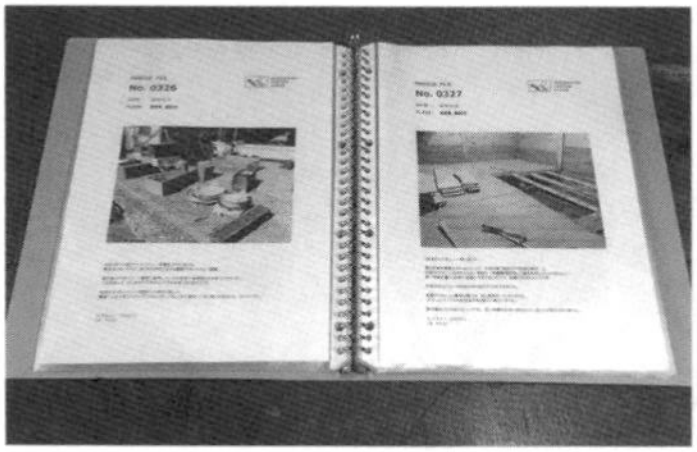
図8　レスキューカルテ

たときに発生する古材が、必要としている人の手に渡って再利用されることで、ゴミを減らし、森を守り、気候変動に対してもポジティブな影響を与えられるのではないかと考えて活動しています。

　このような考えでレスキューを始めたのですが、やってみると、家主さんが「レスキューしてもらってよかった」「気持ちが軽くなった」といったことを言ってくれます。誰も、先祖代々住み継いできた家や、自分が苦労して建てた家を進んで壊したいわけじゃない。様々事情がある中で、せめてその材料を必要としている人に届けたいし、届けてくれて嬉しいと言ってもらえるこ

とが、僕たちのモチベーションにもなっています。そうした気持ちを僕らもお客さんに伝えたいと思い、古材1つずつ、食器1つずつに「レスキューナンバー」[図7]を付けています。レスキューナンバーは、「この古材・古道具はどこのお家からやってきて、そのお家はこういうお家で、どういう人が住んでいました」といったことが書いてある「レスキューカルテ」[図8]と対応していて、お客さんがそれぞれのストーリーを知ることができます。

古材・古道具カルチャーを根付かせ、広げる

レスキューの対象エリアは基本的に車で1時間圏内と決めているのですが、現在までのレスキュー件数は2500件くらいで、毎月30~40件らいのペースでレスキューしています。しかし、日本では毎年8万5千棟の空き家が解体されていて、そこから出る産業廃棄物量が138万5千トンに上ります。それからすると、僕らのレスキュー件数はすごく少なくて、全体の0・0043%しかレスキューできていません。今の規模が100倍になっても、全体の1%もレスキューできないんですよね。僕らは古材売り場が150m^2くらい、古道具売り場が500m^2くらいの規模で、古材屋さんの中ではめちゃくちゃ小さい方です。だからこそ古材屋という材料屋としてだけでなく、一品生産で付加価値の高いプロダクトをつくっていく必要があります。レスキューした資源を活用して6次産業的に事業を営んでいくことで収支のバランスが合うように様々な工夫をしています。

僕らは巨大な古材屋さんになるのではなくて、ノウハウをシェアして、みんなが古材屋さんを運営し

図9 〈リビセンエコハウス〉

ていけるような状況をつくっていこうと決めています。実際に今、「リビセンみたいなおみせやるぞスクール」をスタートしました。2泊3日の合宿形式でリビセンのノウハウを余すことなく学べます。また開催後はオンラインコミュニティ「Local Reuse Collective」をつくって継続支援しています。

ReBuilding Center JAPANは今、20代から60代までの、20名ほどのメンバーで運営しています。「ReBuild New Culture」という言葉を僕らのスローガンにしていて、経営理念には「次の世代につないでいきたいものと文化をすくい上げ、再構築し、楽しく、たくましく生きていける、これからの景色をデザインしていきます」と書いています。僕は楽しくたくましく生きていきたいなと思っていて、古材を循環するのはそのための手段という感じです。

また、僕たちが古材を扱っているのは、懐古主義的なことではなく、これからの地球や地域の未来を考えているからです。そうした考えを伝えるために、エネルギー負荷の少ない断熱エコハウス〈リビセンエコハウス〉をリノベーションでつくったり［図9］、〈MUJI新宿〉の内装を、返品された家具を用いてつくったり、古材使用率が高く、普通の新築にも合うようなデザインのプロダクト開発など、様々な活動をしています。

「二度と同じものがない」設計を楽しむ

最近手掛けた空間デザインを3つ紹介します。1つめは山梨県南アルプス市の〈こくりや〉というオムライスが有名な食堂です［図10］。ここのリノベーションでは店の形はいじらず、もともとあったカウンターや特徴的な形の天井に古材を張ったり、他の空き家を解体したときに出てきた土壁の土を混ぜた漆喰を施主と一緒に塗ったりしました。僕は既製品を使うのがすごく苦手で、建材のカタログも持っていません。なるべく新建材を使わずに、どこで買ったかわからないものでつくる。でも、なぜその材料を使って空間をつくったのかはきちんと説明ができる。そこにストーリーがあれば、デザイナーも施主に提案を共有しやすいし、施主もお客さんに話すことができるので、そういうことを大切にしています。

図10 〈こくりや〉

西荻窪の〈たべごと屋のらぼう〉という居酒屋では、以前から使われていた椅子の座面などを使用して、変わったデザイ

図12 〈のらぼう〉現場にて古材を貼る

ンの壁面をつくりました［図11、図12］。他にも、椅子の汚れをきれいにやすってもう一度使ったり、新しい天板と以前使われていた脚を組み合わせてテーブルをつくったりしています。新しい空間をつくりつつ、常連さんが訪れたときに前のお店の面影を感じられるデザインを考えました。

同じく西荻窪にある、本の読める店〈fuzkue〉は、おしゃべり禁止のブックカフェです［図13］。本を読むことに最適化されたお店で、ここではオーナーお気に入りのメーカーの椅子を使ったり、リサイクル建材を壁に使っているのですが、それ以外は古材を張ったり、左官したり、オリジナルで建具や家具をつくったり、フリマサイトなどで買った家具を使ったりしています。

これらの現場は、最初に話した〈Nui.〉と一緒で、二度と同じものをつくることのできないようなものが多いです。そのときに手に入る建材や材料、家具や照明器具が、たまたま奇跡的に一致してできている。「がんばっている現場にはいい流れがあるよね」とみんなで言いながら空間づくりをしています。

材料ってカタログから選ぶものではなくて、なければ調合してつくればいいし、そのものの本質をきちんと知っていれば、その幅を広げることができると考えています。たとえば、漆喰もいろいろな既製品がありますが、中身は消石灰とスサ（つなぎ）とツノマタ（接着剤）です。下地にくっつく理屈が見えてくれば、スサの中に、藁やコーヒーかすといった異素材を配合比率の何%までなら混ぜてもいいというのがわかるようになる。ものの理屈を押さえて、イメージができたら、あとはアイデアがあれば、表現の仕方はいろいろ変えられる。そこが楽しいんですよね。この空間のためにそこまで考えてつくりました、となって喜んでくれない人はいませんし、それが嬉しいからこうした活動を続けられています。

図11 〈のらぼう〉

図13 〈fuzkue〉

拠点を設けて仕事をする

今後はできれば諏訪の仕事を増やしたいと思っています。これまでは全国を転々として設計をしていたので、一生懸命つくったお店があっても通えなかったことが残念でした。いいお店ができて、オーナーも最高で、美味しいものが食べられるのに、たまにしか行けない。

それが、ReBuilding Center JAPANをつくってから5年が経ち、都会から諏訪へ移住してくる人が増えて、歩いて5分くらいのエリアに僕たちが設計したお店をいくつかつくらせてもらえるようになり、「自分がつくったお店が近所にあるって最高だな！」ってことがわかってきたんです。あと、子供ができて、家にいる時間を大切にしたいので、出張を減らしたいというのもあります。

最近は地元の不動産会社、諏訪信用金庫と共同出資で「すわエリアリノベーション社」というまちづくり会社をつくりました。1号物件として四軒長屋をリノベーションした複合施設「ポータリー」を2023年10月にオープン。2024年には温泉付きシェアハウスやマイクロホテルがオープン完成する予定で、まだまだエリアにお店が増えてきています。

エリアリノベーションはハード面にとどまらずソフト面でも広がっています。地域内シェアタンブラー「ぶらぶらタンブラー」を発明し、街歩きが加速しますし、リビセンの駐車場では「ぐるぐるバザール」というマルシェを通して地域資源が循環するきっかけづくりに取り組んでいます。

そんな僕らの動きに行政の動きが合わさり始めました。2022年度に「上諏訪駅周辺まちなか未来ビジョン」が策定され、このビジョンを実行していく公民連携のエリアプラットフォームのコアメンバーに僕も選出されました。公民一体となって、リノベーションでウォーカブルなまちづくりをしていこう！となったのです。

プロの技術で ゴミに光をあてる

MAKER 08 一杉伊織

「技術だけでは残らない」。古民家再生から生まれたモヤモヤを抱えて東京R不動産へ、さらにユーザー自ら建物に手を加えるための toolbox へ。リノベーションの最先端を走ってきた一杉伊織は休日、ゴミと戯れる。ユーザーのための仕事に飽き足らず「自分も何かつくりたい」、「つくること自体を目的としたら何ができるのか」、「ゴミは建築と対極的な存在」、こちらの耳に残る想いをいくつも抱えて、ゴミに本気を出すデッドストック工務店は始まった。

考古学の道から建築・不動産へ

僕は1983年に静岡で生まれました。大学では考古学を専攻しました。もともと人の生業への興味があったからです。博物学や人の痕跡を追っていくことが好きで、人の残したもの、残ったものと消えたものについて考えていました。たとえば、いま手元にあるこのコップになぜリブが付いているのか、このリブは誰が最初に考えたのか、といったことを常日頃考えてしまうタイプの人間でした。

大学で遺構の調査に行くとき、柱の跡から規模を推定するといった目的で建築家の方に来ていただくことがありました。そこで始めて建築の世界を知り「面白い」と感じました。特に木造建築に魅せられていたので、木造建築の修復を仕事にしたいと思って大学卒業後に京都の専門学校に入り直し、2年間京都で建築留学をします。専門学校時代は、卒業生の町家を直す現場で手伝ったり、授業で伝統建築の現場を見学させてもらいながら、残すとはどういうことかを考えていました。

　卒業後は、とにかく現場で何が起きているのかを知りたくて、伝手のあった古民家再生に取り組んでいる設計事務所に務めることにしました。そこは元請けの仕事も多くて、設計から解体・施工まで一人で担当したり、古民家だけでなく新築や店舗やオフィスも手掛けたり、網戸の張替えや防水工事だけでも請けていました。僕は何でもやりたかったので「全部僕にやらせてください！」と言って、年間100件くらいの工事を4年間担当して、血を吐くまでがむしゃらに働き続けました。

　ここまで働いて、僕の中でもやもやが生まれました。簡単に言うと、木造の直しを仕事にしたいと思ってきたけれども、建築だけやっていても建築が残らないことに気づいて、不動産だったり運営・運用に興味が出始めました。図1のように、技術だけあっても残らないし、施主と温度感が違う状況だってあるし、そもそも建築屋が建築を好

ここまでのモヤモヤ

気づき	思い
・技術だけでは残らない	→つくるだけではアカン！
・施主と自分の温度差	→もっと自分ごとになって！
・施主と建築屋の無関心	→つくるってもっと崇高！
・建築の生産性の低さ	→コスパ悪すぎ！
・供給者側の論理	→誰のための家づくり？？
・みんな疲弊してる	→もっと楽しくできるはず！
・巨大な住宅産業	→ひとりじゃ変わらん！
・1対1はなかかな広がらない	→もっと多くの人が享受できないのか！

図1　魂を注いで建築をする中で生まれてきたモヤモヤ

きじゃないことすらあります。こんなに頑張ってるのに全然喜んでもらえないとか、誰のために家づくりをやっているのかわからないような状況に陥ってしまったり。みんな頑張ってるんだけど、施主も含めてみんな疲弊してしまう。そうしたことを含めた巨大な住宅産業というものの壁を感じて、1対1の個別のプロジェクトではなかなか広がっていかない現実を目の当たりにして、モヤモヤしていました。

建築も不動産も、ユーザーもプロも、もっとシームレスにつながり、住まいづくりをするにはどうしたらいいか考えていたとき、縁があって東京R不動産に加わることになりました。2010年頃のことです。東京R不動産は、数値化されない不動産の個性に着目し、それまでの駅徒歩何分とか、何m^2といった定量的な評価ではなくて、空間に関する体感的な評価を中心に紹介する不動産ウェブサイトです。川辺に住みたいとか、倉庫みたいなところに住みたいといった物件の個性に着目して、こういう暮らしをしたいという情報を提供しています。東京R不動産では空き家再生や、賃貸や個人宅のリノベーションを担当していました。不動産の営業ではなく、建築の方面で、賃貸や個人邸のリノベーションなどをやっていました。

ユーザーを家づくりの主役に—toolbox

東京R不動産を通して、ユーザーが住まいを選ぶ幅を広げることはできたのですが、ユーザーが住まいをつくる手立てはあまりありませんでした。家づくりのプロセスは、供給者側の専門性の中に隠れてしまって、ユーザーがなかなかアクセスできない状況にあると思っています。そうしたリソースをもっ

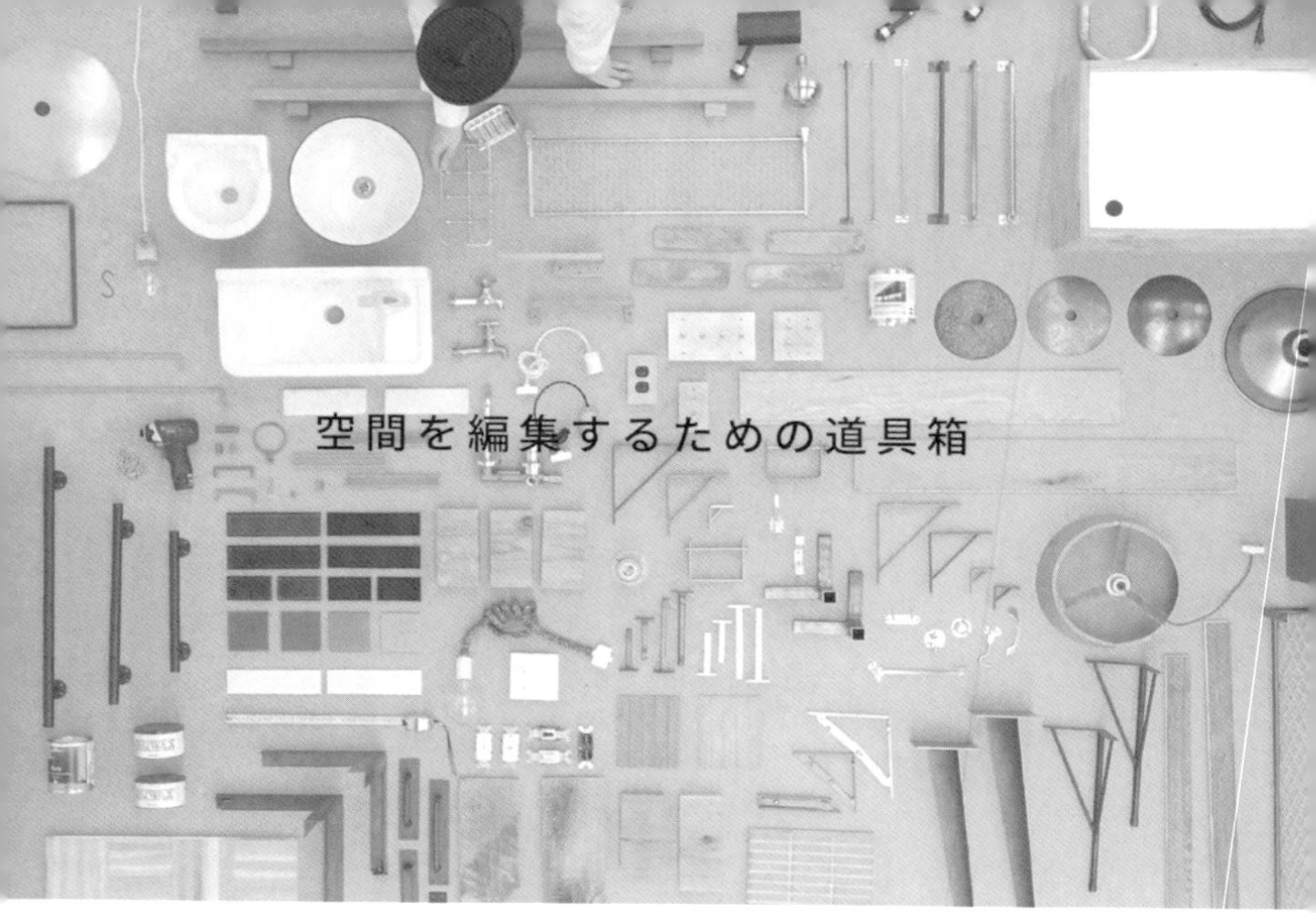

図2 「空間を編集するための道具箱」をコンセプトに、内装建材や工事サービスの開発・販売を行っている

とオープンにし、ユーザーが家づくりの主役になって、積極的に何かをつくれるようにしたい。このコンセプトのもと、自分の空間を編集するための道具箱のようなプラットフォームとして立ち上げたのが「toolbox」です［図2］。

toolboxでの私の仕事は、建材の開発とリノベーションの設計施工です。建材は、DIYerからプロ向けに、リノベーションや新築案件で使える内装建材を開発しています。フローリングや建具、塗料や金物パーツなどを取り扱っています。また、フルリノベーション、部分工事、職人さんが現地に来て施工してくれるサービスのパッケージも開発・販売しています。他にも、空間づくりのヒントやアイデア、ノウハウを提供するコンテンツや、実際に物に触れたり相談ができるショールームみたいなところを持っていて、ユーザーがどうやったら自分の空間をつくっていけるかをサポートしています。僕が表でやっているtoolboxという活動は、ユーザーが自分の空間をつくるための環境づくりと言い換えることができます。

「つくること」を目的にしてみる
—デッドストック工務店

ここから本題の「デッドストック工務店」の話に入ります。表でユーザーのための活動をしているうちに、自分も「何かつくりてぇな」と思うようになりました。仕事で建築をつくるのではなく、自分のために建築をつくったらどこまでできるのかチャレンジしたくなったのだと思います。仕事という縛りから解放したら、つくり手としての自分から何が出てくるのかという興味もありました。同じようなことを考えているプロはもっといるんじゃないかと思って、プロのための工作環境をつくることも考えていました。

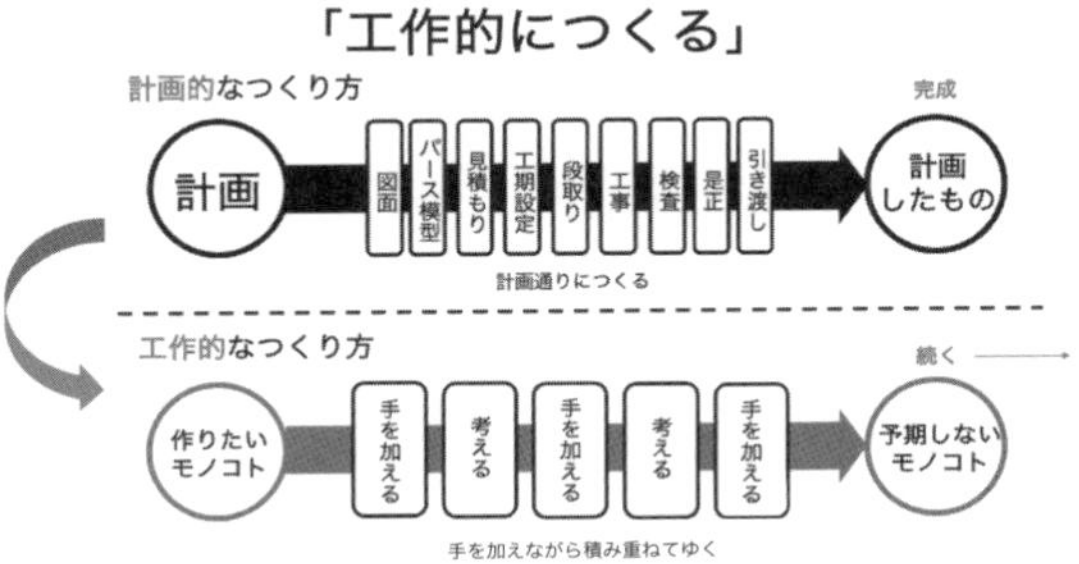

図3　仕事でやってる建築の目的とフローを変えてみる

考えたポイントはいくつかあって、1つめのポイントは「つくることを目的にしてみる」ことです。仕事では「つくること」を手段だと考えているのですが、「つくること」を目的にしてみると何がつくれるのだろうかと興味を持ちました。仕事だと決められた工期、決められた金額の中で、計画を先に立ててからつくっていくのですが、とりあえず手を動かしてみて思考と工作を繰り返していくことで、予期しないモノやコトができるのではないかと考えました［図3］。

2つめのポイントは「ゴミでつくる」こと。ゴミは施工例がなくて、施工要領書も保証もなくて、仕入れルートもありません。そういう建築と相反するものをテーマにしたとき、どういう工夫が出てくるのか、何か面白い創造性が生まれるのではないかと期待しました。

3つめのポイントが「工務店のセッション」です。僕みたいに、つくることをもっと楽しみたい、チャレンジしてみたいというつくり手に出会いたいし、増やしたいと思いました。そのために、工務店＝プロを集めて遊んだらどうなるのかを見てみたいと考えました。

草野球のようなもの

デッドストック工務店は会社でもなんでもないので、土日に草野球をやっているようなものですが、こうした投げかけを面白がってくれるコアメンバーが各地にいて、「ここでゴミが出たぞ！」って言ったら全国から集まってきます。ゴミで本気を出して遊ぶ建築屋さんというおじさんの集まりです。

僕たちの活動では3つの原則を掲げています。仕事になるとみんな真面目になっちゃうので「仕事はしない」。ゴミをテーマにしているので、人への発注も含め、絶対に「買わない」。活動は強制でもないし、指示系統もないので、モチベーション次第の「自主参加」。基本的にみんな仕事があるので、週末に活動をしています。呼ばれてもいない場所で勝手にプロジェクトを起こしてつくりに行くこともあります［図4］。

Step1　ゴミを拾う

Step2　ゴミを愛でる

Step3　ゴミを並べる

Step4　みんなでつくる

図4　みんなで集めたゴミでつくる

具体的には、ゴミを拾うことから始めます。ゴミが落ちているところに向かう習性があるので、「あの辺に落ちてるよね」という感じで、材料を現地調達します。次のステップは、拾ったゴミを「愛でる」ことです。自分が集めてきたゴミを自慢することから始まり、「いいな、それ!」「うわ、やられた!」とか言い合って、拾ったゴミを温めていきます。これに8割方の時間を使うこともあります。次のステップでは、ゴミを並べます。並べてみて初めて何かできそうな兆しが見えてきます。「そのゴミって、使うゴミ?」とか、「そのゴミ、俺のゴミなんだけど」とか、「それ後で使おうと思ってたゴミなんだけど」といった会話をしたりします。僕らにとっては、ゴミ=要らなくなったものではなく、一つのマテリアルの名称なんですね。そして、ゴミを使ってみんなでつくる。みんなというのは、依頼主や声をかけて

図5　ゴミを美しく展示するためのスタディ。拾っては取り付け、叩いては取り付けを繰り返す。ゴミをアートに見立てた、既視感のない空間ができ上がった

くれた人、地域で集まってくれた人、たまたま出会った人で、そこにあるリソースを巻き込んでつくっています。そうして何かができた後は、みんなで呑む。ただ「サンパイ！（産廃／乾杯）」って乾杯をしたいだけなんですけど、反省会や振り返りをしながら、久しぶりに会った仲間たちと語り合います。みんな仕事があるので、基本的にプロジェクトは3日で終わり、それぞれに帰っていきます。

即興創作物が与えるインパクト

デッドストック工務店で手がけたプロジェクトを紹介します。

最初は、ドロップ・イン・オフィス〈Star Lab. Tokyo〉の内装で、「想像力を刺激する空間にしてほしい」という依頼でした。「仕事はしない」と言いま

したが、最初は企業からの依頼でしたね。ゴミでつくることの了解を得てから、産業廃棄物の中間処理業者に行ってひたすら素材を集めました。シルバー系の金物だけを集めたり、器具のフタを裏返して貼ったり、いろんなゴミをパーツごとに分けて瓶詰めしたり、解体したスタッドを照明器具にしてみたり、配電盤の隣にゴミの配電盤を並べたり、型板に樹脂を流してテーブルにしたりして、最終的には、既視感のない空間ができました［図5］。

〈GOOD LIFE MAKER 8〉は鹿児島で工務店を営むメンバーのオフィスです。地元の駅前に古い店舗を借りて、自分のオフィスをつくりたいし、どうせつ

図6　カウンター天板に集めていた金物のゴミを美しく並べ、樹脂を流し込んでみる

くるならまちに開いた場所にしたいということで「みんな汚しにきてくれ」と言われました。このとき初めて自慢のゴミを持ち寄って、品評会をすることから始めました。僕は一時期、金物屋もやりたいなと思って集めていたので、金物のゴミを並べて樹脂を流し込み、ゴミの宝石箱のような天板をつくりました［図6］。基本的にはわいわいやってるのですが、みんな職人なので集中する瞬間があって、誰の指示がなくても黙々と自分の仕事を進めていきます。最終的には、1階に日替わりの飲食店とDIYのパーツショップ、2階にショールームができて、すごく繁盛する素敵な場所になりました。

図7　〈森、道、市場。2018〉

図8　みるみるうちに人が集まり、みんなで海へと引っ張り出した

次に、愛知県蒲郡市のフェスに呼ばれて、浜辺エリアを盛り上げて欲しいというオーダーを受けて、モニュメントをつくったのが〈森、道、市場。2018〉です。ゴミで筏をつくるために、もらってきた竹でやぐらを組み、ドラム缶で土台をつくって浮くようにして、結果的に図7のようなものができてしまいました。これをつくっていたら来場者がすごく集まっちゃって、インスタスポットになりました。集まったみんなで海まで引っ張ることになり、本当に海に出したんです。このときはすごい熱狂が生まれて、本当に感動しました［図8］。

図9　〈RETURN OF THE OSSIE〉人工湖にたたずむ、流木でつくった龍。ついにゴミに神が宿ってしまった

〈RETURN OF THE OSSIE〉は、流木で神様をつくったお話です。鹿児島県鹿屋市役所の方から、2016年の台風の影響で4年間休止していた花火大会の再開に合わせて、シンボルをつくってほしいと相談を受けました。貯水湖に流木がたまってダムが機能しなくなったところから、ある程度片付けた状態でした。現地を訪れたときに「主《ぬし》をつくりたい」と思いたち、湖にあった流木を人力でかき集めて1日で骨格をつくり上げ、2日目には自生してたヤシの葉や拾ってきた金属板を張り、たった2日間で大隅湖の主〈OSSIE〉をつくり上げました［図9、

図10　畏れ多くも神づくりを達成してしまったメンバーたちの記念の一枚

図10]。こんなすごいクオリティのものができると思っていませんでした。下顎の流木がここにはまった瞬間は、身震いするような感動があります。湖畔から二度見三度見する人がいたり、演劇部の高校生がポスターを撮りに来たり、子どもたちも「龍がいる！」って喜んでくれたりして、もともとの依頼が「子どもたちの思い出に残ることをしてほしい」だったので、本当に良かったです。

最後に、コロナ禍にベトナムのダナンでつくったオフィスを紹介します。ベトナムって、売っているものがすべてデッドストックのように見えて、素材の宝庫なんです。日本で「デッドストック」を語っているのが恥ずかしいくらいです。新品なのか、ユーズドなのか、落ちてるのか、売ってるのかもよくわからない。原付でひたすらマテリアルを探し歩いて、つくっていきました［図11、図12］。

図11　ベトナムでも資材は現地調達！　圧倒的なゴミの山から素材をかき集める

図12　近所の廃品屋でゴミの金額交渉中

こういった形で、デッドストック工務店という活動を続けています。僕は社会実験のつもりでやっていますが、とりあえずゴミを題材にすると、誰もが予想しなかった、見たことのないアウトプットになります。これは間違いないです。計画できないからこそ、衝撃的なものができる。一方で、同じものは二度とできない。

また、つくり手目線でいうと、め

ちゃくちゃ研ぎ澄まされます。時間もコストもリソースも限りがある中で、その場にあるものだけで「すごいものをつくってくれるんじゃないか」という期待の中でつくるわけですから。だからうまくいかないときももちろんあって、そういう意味では発注者に一番リスクがあると思います。だから僕らは発注者にも参加してもらうようにしています。

あと、ゴミ好きって結構多くて、ゴミをハブにして集まる人は結構いると思います。僕も仲間がたくさん増えました。そして何より、ゴミで遊んでると感動するってことです。いつの間にか自分も本気になって向き合っていて、モノができたときにはすごく感動します。

僕の活動を改めてまとめると、表の活動—toolboxでは、ユーザーがつくる環境をつくっていて、裏の活動—デッドストック工務店では、プロのつくる環境づくりをしています。デッドストック工務店のメンバーとは、ゴミのアミューズメントパーク「Disposal Studio Japan」をいつかつくりたいと話しています。日本中のゴミが集まってくる最終処分場なんですけど、そこでは拾ったりつくったりが自由に楽しめる夢の国です。建築以外のつくり手や、海外のつくることが好きな人たちともつながって、「自由につくる」を共通点にした仲間の輪ができるといいなと思っています。

家業の製陶と設計を組み合わせる

MAKER 09　水野太史

焼き物のまち常滑で家業のタイル工場を引き継いだ水野太史は、他の設計事務所から依頼を受けて特注タイルを製作し、自らの作品のためにもタイルを焼く。大学を2年間休学して、自ら設計・監理を行い、長屋の集合住宅を祖母の土地に建てた頃から、地域に対する思いと、自ら手を動かすことへのこだわりは貫かれてきた。こだわりが詰まった常滑市役所のレリーフは、この年齢にして既に代表作の感すらある。

つくるプロジェクトの原体験

愛知県常滑市で設計事務所をしつつ水野製陶園ラボという活動をしています。常滑は焼き物の工場や煙突の風景の町です。道も焼き物でつくられたり、坂道の擁壁が土管でつくられたりしています。生まれ育った常滑を離れ、学生時代は京都で建築を学びました。

京都工芸繊維大学3回生のときに、文化祭で仮設的なカフェをつくりました。当時所属していた美術部のメンバーのほとんどは建築学科とデザイン学科の学生で、みんなで意見を出し合いながら設計から施工まで自分たちでやりました。既存の鉄筋コンクリート造の部室の中に、京都市の美術館で不要になった展示用のパネルなどでつくった白いボックスが挿入されたような構成になっています。お客さんが入る白いボックスと、鉄筋コンクリート造の躯体との狭間がスタッフの働くエリアで赤い空間になっています。白い空間にある床から立ち上がった筒の上にお盆を架けるとテーブルになるというデザインでした[図1]。みんなでぶつかり合いながらつくって、3日間だけですが営業をして、その売上で施工費を賄うという経験は本当に楽しくて、原体験として自分の中に残っています。

図1　文化祭でつくった仮設カフェ

休学して地元常滑で建築家としての第一歩を踏み出す

3回生から4回生に上がるとき、2年間休学をして、祖母が持っていた常滑市の土地に〈本町のテラスハウス〉という集合住宅を設計しました。常滑市では2005年に中部国際空港ができましたが、その少し前のことです。当時はデベロッパーが空き地を見つけては営業をかけて、どの地方でもよく見かけるような賃貸住宅をたくさん建てていました。僕の祖母の土地でもそうした計画が進んでいることを知り、建築学生としてそれを容認してはまずいんじゃないかと思い、どうしても自分に設計させてほしいと親戚に頼み込みました。親戚からは猛反対されましたが、結局2年間大学を休学して、名古屋の設計事務所に丁稚奉公的に通い、実務を体感しながら設計を進め、事業計画をつくって銀行に融資を頼みに行くのも自分でやりました。なかなか融資を得るのが難しかったのですが、ようやく農協（ＪＡあいち）が融資をしてくれることになり、事業を進めることができました。

　地方では、大きなボリュームの賃貸集合住宅が大きな駐車場とセットで住宅街の中にいきなり建つことがよくあります。でもそうした建ち方って古い町に対してすごく暴力的で、昔から住む人と、新しく住む人のコミュニケーションも上手くいかないだろうと思うんです。そういった形式ではない建ち方を模索して、鉄筋コンクリート造の長屋という案にたどり着きました。

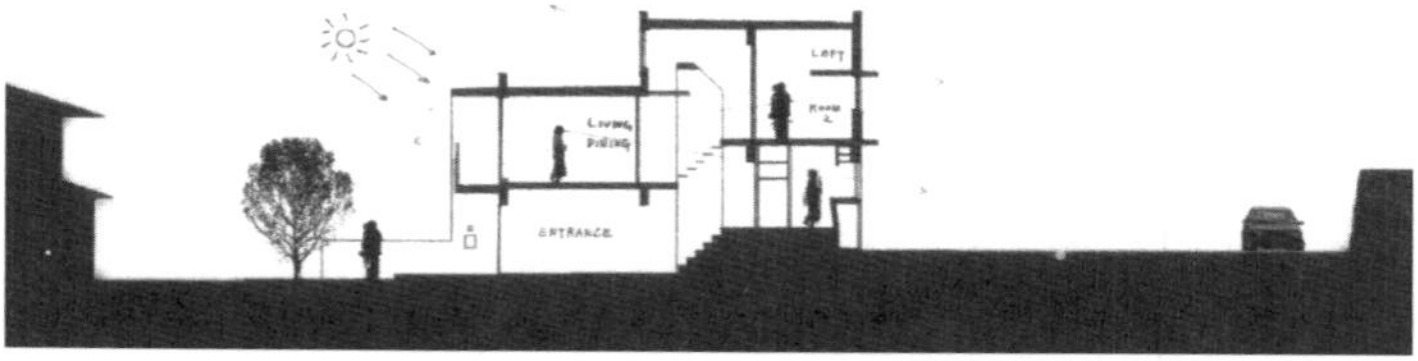

図２〈本町のテラスハウス〉断面スケッチ

　それと同時に、地方だと大人１人につき１台分の駐車場はほしいので、南北に駐車場を設けました。敷地に高低差があったので、それを使ってスキップフロアにして、最上階には屋上テラスをつくりました［図２］。窓からはいろいろな角度の景色が見えるようにして、住んでいる場所の環境をよく感じられるような設計にしました［図３］。

　このとき、僕の祖父が始めた水野陶製園という会社でつくった常滑焼きのレンガの在庫が大量にあり、これを使ってほしいと頼まれて、仕方なく使うことにしました。学生のときは無機的な素材に憧れがあって、土着的なイメージのあるレンガはあまり使いたくなかったのですが、使ってみるとこれがすごくよかったんです。在庫のレンガやタイルだけでなく、特注でお風呂のタイルや部屋番号のプレート、集合住宅の表札もつくりました。学生時代は、将来は東京に行って設計事務所をやりたいと思っていたのですが、この仕事をきっかけに、やがて地元常滑と水野陶製園に関わっていくことになります。

また、銀行から融資を得たという話もしましたが、祖母が高齢なので、僕が連帯保証人になりました。このとき7千万円くらいの融資を受けたのですが、学生の自分にとってはぞっとする金額でした。だから必死でいろいろ考えて、オープンハウスのときに知り合いの陶芸家に作品を借りてスタイリングしたり、チラシをつくって地元のお店に配ったりして、なんとか人を集めて入居してもらうことができました。その後も、近隣の相場家賃よりもやや高いにもかかわらず、想定よりも高い入居率を維持していて、事業としてもすごく上手くいったと思います。

図3　建築の佇まいと各住戸の暮らしが町に馴染むように注意深く計画した

復学、就職、再び常滑に目を向ける

2年間の休学ののちに復学し、〈本町のテラスハウス〉の現場監理をしながら、並行して卒業設計を進めていました。このような経験をしたことで、将来は設計だけでなく、自分の手を動かしてつくることもしたいと考えるようになりました。卒業後は、親族が持っている空き家を賃貸住宅にする企画をつ

「RE やきもの散歩道」プロジェクト
やきもの散歩道地区＝生活拠点地区とするための方法
I. 煙突ナンバー／散歩道の可視化
「やきもの散歩道地区」の道は迷路のようで目的地にたどり着くのはなかなか難しいが、その迷路性こそ散策する楽しみでもある。既存の煙突にナンバーをふること、この地区の主要な散策ルートである「やきもの散歩道Aコース」の床を可視化することは、場所のわかりやすさと迷路性を両立させるアイデアである。景観に配慮し、「煙突ナンバー」では煙突のレンガとなじむ保護性の赤錆表面をもつコールテン鋼板のプレートを、「散歩道の可視化」では常滑焼きのタイルを床に埋め込む方法を、想定している。
II. グリーンパーキング
「やきもの散歩道地区」を囲む道沿いの既存駐車場の立体化（2・3層程度）により、地区住民や来客用の駐車場不足を解消する。また、壁面緑化等による緑のボリュームは街路樹のように新たな風景と領域を形成し、景観や住宅地とも調和する。
III. ガケ建築
「やきもの散歩道地区」の丘の輪郭を形成する急勾配のガケ地は使われることなく（真上から見れば空地）、丘の上下を分断し、がけ崩れの危険もある。このガケ地を活用し克服することで、場所の力を引き出す建築のアイデア。新たな空間を生みながら擁壁としても機能し、垂直動線と立面の形成により丘のインターフェイス、移動性を強化する。
＜ガケ建築の3原則＞
1. 公共垂直動線（エレベーター・階段等）
2. 擁壁としての基壇部分
3. 丘の上部の既存焼物工場など周辺環境との調停をする上層部分
※状況により原則の全てを適用する必要はない。例えば屋外公共エレベーター等。
＜断面ダイアグラム＞
ガケ建築
グリーンパーキング
＜ケーススタディ＞
「ガケ建築」の具体例としてケーススタディA・Bを提案する。
ケーススタディA＝「マネキビル」／テナントビル
ケーススタディB＝「トコナメハート」／湯治施設＋展覧会施設

図4　〈TOKONAME REPORT 2010〉で提案した、やきもの散歩道地区の改造案

くり、前の物件で覚えた事業計画のノウハウを使って説得をし、一軒家を半年かけて改修して賃貸住宅にしました。

その後は普通に就職しようと思い東京に移り住み、1年半くらいアルバイトで設計事務所を渡り歩いていましたが、「ここは自分の居場所じゃない」と感じていました。そんなフラストレーションをぶつけるようにして、地元常滑を敷地にした卒業設計をちゃんと完成させようと思いつくったのが〈TOKONAME REPORT 2010〉という作品です。2007〜08年につくったもので、中部国際空港開港以降の2010年の常滑に向けた建築を介した都市計画の提案になっています。

集合住宅を実際に設計してみて、建った後は建物の魅力や町の魅力で集客できなければ、ローン返済ができないことに気づきました。常滑市が住みたく

なる町になるためにはどうしたらいいかを考えて、都市計画案をつくりました[図4]。常滑はもともと終着駅で文化が溜まる場所だったのですが、中部国際空港ができることで通過駅になり、名古屋のベッドタウン化が起きていました。ディベロッパーもこぞって宅地開発を行い、常滑の風景をつくっていた古い工場がたくさん壊され、資源としての景観が失われていました。そこで、常滑の特徴的な3つの要素─「空港」、空港手前の大きな埋立地「りんくう町」、常滑で焼き物が盛んだった地域を産業遺産的に観光地化した「やきもの散歩道地区」を再度位置づけるような提案をしました。やきもの散歩道地区は常滑駅からすぐ近くにあり、地元の人は普段は行かないのですが、外からお客さんが来たら観光に連れて行く場になっています。このやきもの散歩道地区を生活拠点にするような建築を提案することで、ヨーロッパでいう旧市街と新市街みたいな2つの異なる魅力のある町ができ、それらが相乗効果で全体の魅力をより高めてくれるのではないかと考えました。

焼き物から良い空間デザインを考える

常滑という場所は焼き物の町で、焼き物工場や煙突が町の風景になっています。坂道の擁壁がB品の土管でつくられたり、道がB品の割れた陶器で舗装されていて、自分たちの町でつくったもので、町がつくられているということがよく見えます。僕はこの地元常滑市に住み、この場所を中心に設計活動をしています。

水野陶製園は祖父が1947年に創業した会社です[図5]。僕はその中で水野陶製園ラボという活動もしています。東京で働いているときに、地元の友人から自宅の設計を頼まれたことをきっかけに常滑市に帰ってきたのですが、それ以外にあまり仕事もなかったので、叔父が継いで経営していた水野陶製園で、陶の可能性を切り拓く「水野陶製園ラボ」を始めました。ラボは3つの活動を軸にしています。

1つめは「技術の活用」で、社内にある膨大な釉薬や陶土の試験サンプルやノウハウを活かした活動です。焼き物を使った新たな表現の実験をしたり、アーティストのタイル作品の制作を手伝ったり、建築家からの依頼で特注タイルを製作したりしています［図6、図7］。2つめは「資材の活用」で、在庫が山積みになっていた透水レンガの売り込みをしてきました。今では品質を認めてもらえて、多くの建築家に活用してもらっています。3つめは「空間の活用」で、元更衣室をラボ事務所に改修するなど水野陶製園の中の余剰空間を活かす試みをしています。空き家になった旧社宅の活用も考えています。

図5　水野陶製園の外観

図6　タイルの製造。創意工夫の精神が息づく（©Hidenao Kawai）

少し話は飛びますが、500万年前のこの地域には東海湖という古代湖があって、焼き物で有名な常滑や瀬戸、多治見はみんなこの湖の底や沿岸に位置していました。上流にある岩や石などが浸食によって削られて粉になり、これらの地域に流れて堆積したものが、現在、陶土として使われています。僕は普段から原料の粘土に触れているのですが、これらは人間がここに住み始めるずっと前からあったものなんだと、マクロなスケールの時間を感じています。一方で釉薬は分子レベルでの化学反応の表出で、すごいミクロな世界のことも同時に想像しながら、日々製作をしています。

　水野陶製園では、他のメーカーのための陶土や釉薬などの製造もしていて、それが売上の半分を占め、タイルやレンガなど製品の売上が残りの半分です。この規模で1ヶ所で原料の陶土づくりから焼成までを扱うところはかなり珍しいのですが、祖父が分業せずに全部をやりたい人だったから、こうした事業内容になっているそうです[図8]。そのおかげでオリジナルの焼き物をつくるノウハウがたくさん蓄積されています。ちなみに最近の焼き物工場は効率化が進んでいて、機械が自動で積むようになっていたり、タイル専用の窯にして積まなくていいようにしていたりするのですが、うちは古い工場をそのまま使っているので、すべて人の手で積んでいます。でも、そのおかげでどんな形のものでも対応できて、大きな陶壁みたいなものから、すごく小さなタイルまで、なんでもつくることができる。古い設備を使った中での効率化を突き詰めてきた結果、こうしたことができているのです。

　特注タイルは僕が関わる前にはやめ

図7　何千枚ものタイルに吹付をする際に腕の負担を軽減する工夫

図8　工場の原土置き場。原料から製品まで一貫した生産を行う

図9　常滑市役所の陶壁

ていたのですが、水野陶製園ラボを始めてからたくさん仕事を請けるようになりました。設計事務所からの自由な発想の依頼を受け、その時々に実験を重ね、それらがノウハウとなって今蓄積されています。自分のところで全部やることもいいのですが、だからといって自社で閉じず、他のメーカーやつくり手と一緒に仕事をすることが、幅を広げるためには大事なことだと思います。

市役所新庁舎エントランスの陶壁

〈常滑市役所新庁舎エントランスの陶壁〉はプロポーザルコンペで自分たちのチームが1位を取り、製作をしたものです。テーマは「未来」だったのですが、未来を考えるためには過去を考えないとダメだろうと思い、地球規模の時間を持っている土の強さを感じられるような陶壁を提案しました［図9］。壁全体のベースには原土をイメージさせる陶板を使い、45度に振られたエントランスの動線に合わせて部分的にギザギザした陶板を用いることで、右からは茶色の土しか見えないけど、左からはカラフルな絵が見えるようなデザインになっています。同級生のアーティスト吉川公野と一緒にデザインを練り上げ、「太古から変わらぬものと、受け継がれてきたものと、そして未来」というタイトルを付けました。

制作過程では、常滑の土を実際に掘り出したものを使い、採れる場所で異なる様々な色の土の組み合わせを試しました。そこから原土の力強さを表現する方法を模索したり、5分の1の模型をつくってスタディをしました。粘土をギザギザに削る道具も自分たちでつくっています。陶壁には、中心に常滑の大甕《おおがめ》のシルエット、伊勢湾の空と海を配し、ギザギザの左側面には抽象化した常滑の未来の地図や飛行機といったものが描かれています［図10］。また、左上と右下には、ガラスによる水溜まりのモチーフがありますが、これは粘土質で水溜まりのできやすい常滑の大地の性質を示すものであり、知多半島にたくさんつくられた溜池を想起させるものでもあります。

押出成形機を使って制作したギザギザ陶板を乾燥させるのも大変で、ひび割れないように、ふちにラップを巻いて中央から乾燥させる工夫も都度考えて行いました。図案は細かく分けて実寸大の製作図をつくり、くっつけたりバラバラにしながら、刷毛

図10　近くで見るとギザギザの陶板が往時の常滑焼き工場の屋並みを想起させる

やエアブラシなど、いろいろな手法を使って釉薬を塗っていきました［図11］。釉薬は塗ったときと焼いた後で全然違うので、そのことをイメージしながら塗らなければいけないのが難しいところです。最後に工場で焼き上がった全部のパーツを床に並べて、高いところから何度も確認をして編集するようにパーツの場所を入れ替えたりしながら、意外性のある部分もできるように工夫して完成させました［図12］。

それから、現場での施工に入っていきますが、梱包枠も自分たちで製作し陶板をトラックで現場に搬入しました［図13］。

最初の搬入で陶板を受け渡す際に、施工者が陶板を置く場所を予め決めていなかったり、作業員の陶板の運搬の仕方が雑だったり、段取りがまったくできておらず緊張感にも欠けていたので、一度現場を止めて、現場監督から改めて施工手順を提案してもらい、こちらが承認してから工事に取り掛かってもらうということもありました。

通常のタイルと違い、間違って貼ったり割ってしまえば代わりがなく、ものによってはつくり直すのに数ヶ月かかってしまうので、施工者にも周到に計画してもらう必要がありました。目地についても通常のタイルの目地とは考え方が異なり、施工手順についてはかなり厳しくチェックしました［図14］。

図11　陶板に釉薬を塗る
（©Hidenao Kawai）

図12　陶壁陶板を並べて眺める
（©Hidenao Kawai）

こちらの考え方を理解してもらってからは、完成度を上げるための提案が施工者からも出るようになり、完成した際には喜びを分かち合うことができたと思っています。

ただし、常滑市役所の顔として50年、100年と存在し続けることになる陶壁なので、完成して手放しで嬉しいということはなく、これからどのように時間を経ていくのか、どのように人々に受け取られるのか、ということを思っています。

これからやりたいことは、ずっとやりたくてできていない水野製陶園の旧社宅の改修です。宿泊施設を含めた複合施設に改修することを考えています

図13　陶板を現場に慎重に運び込む

図14　陶壁の施工

が、これまで培ってきた技術や考え方とこれから試したいことを表現していきたいと思っています。

水野製陶園としては定番タイルや食器やその他のプロダクトも準備しているので、早く形にしたいと考えています。また、アート活動も今より活発にしたいと思っています。考えていることや試したいことなどを自由に純粋に表現しやすいからです。

第四章

つくる×教育

これからの建築のつくり手を育てる

MAKER 10

真田純子 Junko Sanada

石積み学校代表理事 / 東京工業大学教授
Dry Stone Walling School of Japan, Tokyo Institute of Technology

東京工業大学大学院博士課程修了。博士（工学）。ベネチア建築大学客員研究員（2015）。学生時代は都市計画史研究を行い史料に埋もれる研究者になるつもりが2007年徳島大学着任後に石積みと出会い修行を開始。2013年石積み学校設立。2020年一般社団法人化に伴い代表理事就任。主な著書に『都市の緑はどうあるべきか』技報堂出版、『誰でもできる石積み入門』農文協、土木学会出版文化賞、『風景をつくるごはん』農文協など。専門は都市計画史、緑地計画史、景観工学、農村計画、土木史、石積み。

MAKER 11

平野利樹 Toshiki Hirano

東京大学特任講師
Project lecturer, The University of Tokyo

1985年生まれ。2009年京都大学建築学科卒業。2012年プリンストン大学建築学部修士課程修了後、Reiser + Umemoto RUR DPC勤務。2016年、東京大学建築学専攻博士課程修了。2017年より東京大学助教、2020年より現職。SEKISUI HOUSE-KUMA LABディレクター。作品として「Reinventing Texture」（2021、ロンドンデザインビエンナーレ2021展示）、「Ontology of Holes」（2016、山本現代展示）など。著書に『a+u 2017年5月号 米国の若手建築家』（ゲスト編集）など。

MAKER 12

山本裕子 Hiroko Yamamoto

ユタ大学講師 / DesignBuildUTAH@Bluff 共同ディレクター
Adjunct Assistant Professor at the University of Utah,
Co-Directors of the DesignBuildUTAH@Bluff program

愛知県出身。神戸大学在籍中から、建築家の丸山欣也、左官職人の久住有生らが主催する建築ワークショップに参加。仲間と一緒に手を動かしてものを作る魅力を学ぶ。大学院卒業後は不動産建設業に数年勤務したのち、再び建築ワークショップの機会を追って海外へ。2011年よりアメリカ・ユタ州のデザインビルドブラフにスタッフとして働く機会を得る。現在は夫である山本篤志と共に、ユタ大学の同プログラムを運営。人口200人強のアメリカ南西部のブラフという小さな村で2児と1匹の子育てをしながら、先住民族の一つ、ナバホ族の赤い大地で面白い建築教育を行うために家族で奮闘中。

石積みの風景を支える技術

MAKER 10 真田純子

土木史の研究者、真田純子は、勤務していた徳島県で、モルタルや土を使わない斜面地の空石積みに注目し、技術を継承して他の地域に広げる仕組みを構築した。自らも石を積む中で、石積みの中にある地域性と、地域を越えて共通する一般性がどのように結びつくのか考え始める。農作業に忙しい農家が片手間でやる石積みには、労力を節約しつつ高い効果を得るための実践的なノウハウが詰まっている。

石積みとの出会い

私は現在、土木・環境工学系に所属していますが、もともとは社会工学科出身で都市計画史や緑地計画史が専門でした。２００７年に徳島大学の土木系分野へ勤めてから土木史研究を始め、農村景観や農村の活性化、そして石積みの研究を始めました。

私の石積みの研究は、コンクリートやモルタルを使わない「空石積み《からいしづみ》」という伝統的な技術を対象にしています。大きく2つのテーマで研究していて、1つは、今日お話する農地の石積み技術の継承で、もう1つが、空石積みを公共事業で活用する方法の

図1　吉野川市美郷の石積み

探求です。どちらも、お城のように見栄えを重視した技術ではなく、実用を目的とした技術で、両者に共通して石積みの本質は何かを考えていきたいと思っています。

ここでは、前者の農地における石積み技術の継承のうち、技術を継承する「仕組み」と継承する技術は「どうあるべきか」について紹介します。「仕組み」のほうは、私たちの立ち上げた一般社団法人石積み学校について、「継承する技術」のほうは、広めるために必要な技術の一般化と、守るべき地域性についてです。一見すると相反していそうな「一般化」と「地域性」が、技術の本質から考えると、実はそんなに相反するものではないのです。

私が石積みに出会ったのは、徳島大学に着任してからほどなくして、ソバまき体験で吉野川市美郷へ行ったときのことでした。何も知らずに行ってみたら、段畑とすごい石積みのある集落で、ソバまきの指導をしてくれた方が石工さんでした[図1、図2]。それから学生向けの石積み合宿をしたりして、石積みを習っていくようになりました。

実際に石積みを経験していく中で、石積みの現状が見えてくるようになりました。たとえば、石積みが崩れたまま何年も放置されている場所や、部分的にコンクリートで補修されている場所があること[図3]。まだ崩れてないように見えても、いつ崩れてもおかしくないような石積みがかなりあることもわかってきました。

図2　石工の故・高開文雄さん

図3　コンクリートで補修された石積み

石積み学校

2012年から2013年にかけて、当時の徳島大学にいた修士の学生がスクーターで徳島県内の県道と国道をすべて走って、そこから見える棚田、段畑に石積みがどれくらい残っているかを調査しました。そして、県内にはまだコンクリートを使っていない空石積みがたくさん残っていること、そのうち、手入れができておらず草で覆われている石積みや、緩んでいる箇所が修復されていない石積みが多く含まれていることがわかりました。草の生え具合は空石積みが日常的に手入れされているかの指標になります。草で覆われているということから、草を日常的に抜くという知識が伝わっていないか、草を抜く労働力が足りていないことがわかります［図4］。また、石積みが緩んでいるところは崩れる前に修復する必要があるのに修復がされていないということにもなります。こうした調査から、修復や維持管理のための労働力が足りてないことや、技術の継承ができてないことも見えてきました。

それで、石積みを教えられる人が「先生」に、習いたい人が「生徒」になって、直してほしい人の石積みを「教室」にして、この三者をマッチングする「石積み学校」という取り組みを始めました［図5］。技術の継承と、修復の労働力不足という問題を同時に解決しようとする試みです。

図4　草が生え、石が外れかけている

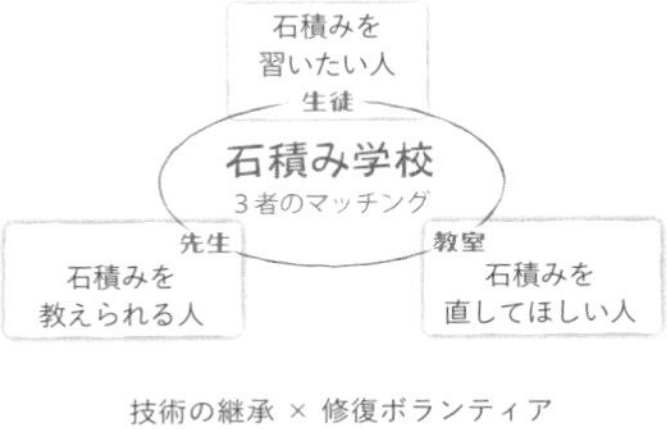

図5　石積み学校による三者のマッチング

石積み学校を設立するにあたって、「石積みは難しい」というイメージを変えることと、石積み学校の運営を持続させることを目標にしました。石積みというと、お城の石積みを想像して難しそうだと思う人が多いのですが、もともとは農作業の一部ですし、そこらじゅうに石積みの段畑や棚田があるということは、普通の作業だったはずなのです。今は、石積みは難しそうだから業者に頼む、手入れがわからないからコンクリートに変える、と考えられがちなのですが、そういった考え方を変えたいと思っています。例えば、施工会社に石積みの修理を頼もうとすると、強度の保証が数値的にできない、だからコンクリートを使うといった話になりがちですが、まずは自分で直す選択肢を持ってもらいたいと考えています。

こうした意識改革や、文化の復活・定着には時間がかかるものですので、私が徳島を離れた後も続けられるように、ちゃんと継続できる事業・仕事にする必要があるだろうと考えていました。そのため、運営は補助金に頼らず、また「活動から仕組みに変えていく」ことを考えました。農村部での活動はどうしても補助金やボランティアに頼りがちになってしまうのですが、補助金を出す側の

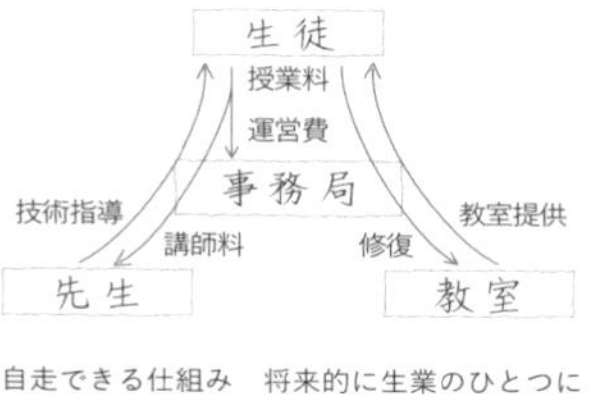

図6　石積み学校の仕組み

さじ加減で活動が終わるようではダメだと思っていますし、活動が自分たちの意思決定とは違うところに委ねられている状態は避けたいとも思いました。そのため、参加者には授業料として参加費を払ってもらい、石積み学校の運営がきちんと仕事になるような仕組みづくりをしました［図6］。

「活動から仕組みに変える」とはどういったことかというと、特定の地域に通い続けて行う取組みは、その地域の問題を解決したり、盛り上げたりしますが、その地域で行うだけでは「活動」です。そうではなくて、他の地域にも普及させるために技術の継承と修復の枠組みをつくる「仕組み」にしていくという意味です。そうしていかないと、たとえば、石積みの段畑や棚田を保全する景観計画を立てても、実際に積める人が各地にいないと実現できないといったことが起こります。また、1つの地域だけだ

と、石積みをする頻度も上げられず、石積み学校が職業として成立しないという現実的な課題もあります。こうしたことから、石積み学校をいろんな場所で開催し、人と場所を結び付ける仕組みをつくることを、私のやるべきこととして位置付けました。こうしたことの意思表明として、最初の石積み教室は、私が石積みを習った美郷ではなく、三好市という所で開催しました。

今、メインで石積み学校を運営してくれているのは、大学3年生のときに1回目の石積み学校(2009年)に参加してくれた金子玲大です。石積みを教えたり、修復に行ったり、石積みを一つの職業にするということに、人生をかけて挑戦してくれています［図7］。長く続けていくことで、そういう人材も育ってくるのかなと思っています。

図7　金子さんによる石積み教室での指導

最初は、石積みを教える先生と習いたい生徒、直してほしい人の三者をマッチングして学校を開く自主企画を中心に考えていましたが、いざやってみると、それ以外の依頼が来るようになりました。たとえば、地域の団体から「自分のところで受講する人も場所も用意したので、講師として来てくれませんか」と連絡が来たり、自治体から「昔の里道を直したいので来てくれませんか」と依頼が来たり、あるいは「大学の研究室で通っている地域に石積みがあって、そこで石積みが問題になっているので石積みを教えてくれませんか」という相談も来て、今ではマッチングではないほうが多いと思います。ボランティアではなく仕事になっているからこそ、こう

図9　山梨県早川町での石積み

した依頼もしやすいと考えています。つまり、ずっと美郷でボランティア活動だけしていたら、他の地域から声をかけにくかったように思います。そうして、2013年からこれまでに131ヶ所で石積み教室を開催してきました［図8、図9］。

図8　千葉県鴨川市での石積み教室の様子

石積み教室は、週末の2日間をつかって行うことが多いです。10人から20人ほどの参加があります。全国各地で開催していますが、徳島で開催するときに関東から来る人もいます。

はじめに、安全管理について説明をしたのち、古い石積みを崩すところから始めます。崩した石は材料になるので、崩し方にもコツが必要で、その説明をしながら進めます。一通り崩し終わったら、石を置く溝を掘り、そこから積んでいきます。積む際にも積み方を説明します。ただ、説明を聴くだけでは難しいので、やってみて間違えていたらやり直して、というのを繰り返し、技術を習得していきます。

先ほど、石積み＝難しいというイメージを変えたいということと、石積み学校の運営を持続させることで職業にするという目標を話しましたが、この両立が非常に難しいです。高度な技術だと言って技術を囲い込めば高いお金をもらえるわけですが、私たちは環境負荷の少ない循環型の技術を、誰でもできる技術として広めたいので、なかなか価格を吊り上げることもしたくない。技術に付加価値をつけてお金をとればもうかるのかもしれないのですが、私たちは焦らず、今のマーケットに売り込むのではなく、自分たちでマーケットを創り出すような考えで活動を続けています。

フランスにも石工集団を束ねるABPSという団体があるのですが、主催の方と話したときにも「技術を保全するためには、現場の確保が必要だ」と言っていました。職人は現場を踏んで技術が高まっていくので、そのために石積みの市場を拡大させる必要がある。そのためフランスでは、公共事業で石積みを使えるようにしていて、石積みの市場を拡大させようとしています。私も、農地の石積みを公共事業に使えるようにすることで、技術そのものを保っていこうと考えています。

継承する技術——手間を掛けない農地の技術

石積み技術は、高齢化や過疎化によってどんどん失われています。石積みの修復に必要な技術が失われている可能性もあって、技術を継承する必要があります。一方で、労働力について見ると、若者が減少して労働力が不足しているために、業者を呼んで石積みをコンクリートに置き換えていくような流れがあります。伝統的には地域内で親から子に石積みの技術は継承されてきました。しかし、現在のように過疎化が進むと、地域内だけで技術を継承するのは難しく、今まで縦につながれてきた技術を横にも広げて継承していく必要があるのではないかと考えました。

そうするとネットワークをつくって複数の集落をつないだり、広い地域で石積みの技術を考える必要が出てくるので、地域ごとの石積みの違いについて石工さんにヒアリングしました。石の性質、採ってくる場所、加工の仕方、維持管理の方法などです。

その結果をざっくりまとめますと、石積みの基本的な技術は共通しています。つまり山石で習えば県内どこでも積み直しができることがわかってきて、技術の一般化も可能だとわかりました。現在、石積み学校が、一つの技術を持って全国で活動できているのも、石が違っても、いろんな所で技術が使えることを示しています。

石積みをやっていくうちに、石積みとは、道具のつくり方や使い方、体の動かし方や休憩のとり方といった様々な知恵が入っている、一つの文化体系であると思うようになりました。それで、習ったことをすべて記録に残したいと考え、2014年に冊子を、2018年に『図解 誰でもできる石積み入門』という本を出しました［図10］。余談ですが、同時期にフランスやイタリアでも、石積み技術の書籍が出版されていて、こういう技術をちゃんと言葉に残すというのは近年の傾向なのかなと思います。

ちなみに、こうした記録を残す方法には、建築史や文化人類学のように聞き書きなどをもとに、地域のことを丁寧に記述していく方法と、私のようにマニュアル化する方法の2通りがあると思います。前者においては正確性が求められますが、後者においては正確性よりわかりやすさが重要だと思いますし、地域固有の事象を排除して一般化する面があります。図11は、書籍に掲載したもので、私が描いた石積みの断面図と立面図ですが、実際にはこういう断面は存在しません。立面図を見るとわかるのですが、2つの石に力がかかるように置きます。なので、縦に

図10 『図解 誰でもできる石積み入門』農文協出版

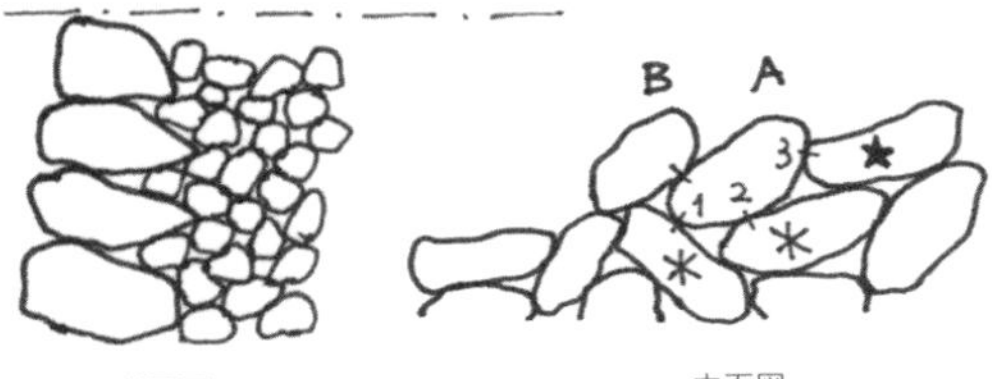

図11 石積みの断面図と立面図

石が並んでいるということはありません。しかし、どういうふうに石をかみ合わせるかを示すには、あり得ない断面図を描いたほうがわかりやすいと思い、こういう描き方をしています。

石積みというのは、あくまで農作業の一つであり、無駄な労力を掛けずに仕上げることが大切です。石を積む前の土の壁がむき出しの状態では弱いから石を積むわけで、やり始めたら仕上げてしまわないといけません。なるべく疲れないようにするために体の動かし方や休憩の取り方など随所に工夫がされていますし、必要以上に強いものはつくりません。このように疲れず楽にできることと手を抜くことはまった

く違います。「生活が楽になる」という大目的のもと、費用対効果とともに労力の配分が行われています。こうした工夫は、たとえば、材料の調達・加工に表れています。材料は近場から調達し、それらを加工せずなるべくそのまま積むことで、運搬や加工の手間を省いています。日本の農地でよく見られる乱積みは、そうした地域性を反映する形で発展した技術と言えます［図12］。どんな石も積むことで運んだ石が無駄にはなりません。逆に、規則正しい石積みをしようとすると形や大きさを揃える手間がかかります。

図12　日本の農地でよく見られる乱積み

このように加工をなるべくしないことから地域の石積みは石の性質を表わすようになります。イタリアのオッソラという地域では、層状にミネラルが入った、平たいブロック状の石がたくさん採れるので、それに応じた技術が発展していました［図13］。たまに出てくる丸っこい石も以前は使われていたようですが、今はそれを積める人はほとんどいないようです。以前、学生とオッソラに行って修復したとき、そういう丸っこい石がいくつも出てきたので、一部を日本の技術で積みました。この地域を研究しているトリノ工科大のアンドレア・ボッコ先生が、こうした積み方の違いを見て、「石が技術を選ぶ」と言いました。同じイタリアでも、アマルフィは石灰質の丸い石が採れる地域なので、日本の石積みに近い石積みをしていたり［図14］、チンクエ・テッレは割れると棒状になるような石が採れる地域なので、大きい石の周りに棒状の石を並べていく積み方をしていま

す[図15]。手間を掛けないという農地ならではの本質を守ると、近場の石をその石の性質にしたがって、割れた形そのままで使うことになります。石に合わせて技術を選ぶ必要があるので、おのずと石積みに地域性が表れてくるということだと思います。

一方で2018年にイタリアの石積み大会に参加したとき、石を加工して隙間をなくす技術が広がっている印象を受けました。近年、ヨーロッパでは石積みの保全が盛んになってきていて、農地の石積みを職業的にやる人が出てきています。そうすると緻密にという意味での「きれいに」積む方向に技術が変化していく傾向があるのですが、

図13　オッソラの石積み

図14　アマルフィの石積み

図15　チンクエ・テッレの石積み

それは少し違うと私は思っています。いかに生活を楽にするかというのが農村の技術の進化の方向性であり、石の量の見極め、無駄な動線が生まれないようなものの置き方、迷いなく石を積むなどの技術が磨かれることが本来だと考えています。石積みが、家族の仕事か職人の仕事かという違いが、こうした進化の違いを生むのだと思います。

農地の技術の本質を伝えていくために

津野幸人が『自然と食と農耕』という本で、「技術」とは近代工業の導入とともに生まれた言葉で、それまでは、

うで、てだて、だんどりといった違う言葉で語られてきたものを技術と一言で表わすようになって意味があいまいになったと言っています。石積みで考えると、石をどう調達するか、どれくらい量が必要か、どこに置くか、といった技術があるわけですが、そうやって技術を分解していくと、整った石で壁をつくるというのが何の意味を持つのか、あるいは持たないのかというのが見えてきます。石を整えるのは、見栄えのための技術であって、城や屋敷には必要ですが、農家にはいらない技術なんです。

石積み技術の継承のためにはマーケットを形成していく必要がある一方で、そうすることで石積みが職業化して技術が変質する可能性があります。農村の技術は、本当に微妙なところで成立していて、ちゃんと意識しておかないとなくなってしまいます。そのため、技術の価値の概念を整理し、農地の技術の固有の尺度があることを共有していく必要があると考えています。

もちろん空石積みは、地場の石積みを使い資源を循環させること、空隙がある積み方なので生物や小動物の棲み処が提供できることなど、「昔と同じ積み方」でなくとも利点は多くあります。ですので、石積み技術が職業化し、農村文化としての積み方が消えてしまったらダメだとは思いません。何を残すかは、それぞれの地域が決めることです。でも、まったく知らないうちになくなってしまうのと、ちゃんとその技術の本質を理解したうえで判断されるのとでは、意味が違うと思います。そういった考えのもと、私たちは、農地の技術がどういうものなのか、ちゃんと発信していきたいと思っています。

ポスト・デジタル時代の建築のあり方

MAKER 11　平野利樹

社会の変化が時代の美学に反映され、それを建築がすくいとる。こうした変化に敏感なのが教育の場であり、紙を一切使わず設計するペーパーレススタジオのように、革新的な教育も生み出されてきた。平野利樹が指摘するように、情報化による美学が過剰の美学だとするならば、建築や空間はどのように変わりうるのか。東京大学に設置されたデジタルファブリケーションの場、T-BOXでの研究・教育を通じ、自ら手や足を動かしつつその可能性を探る。

時代の世界観と建築のあり方

私は、SEKISUI HOUSE-KUMA LABという積水ハウスの寄付を受けて隈研吾さんが中心となって立ち上げた研究室でディレクターをしています。それまでは隈研究室の助教として、学生たちと一緒に小規模で実験的なパビリオンをつくっていました。それらのプロジェクトでは単純にコンピュータ上で設計するだけではなく、実際に素材と触れ合い、手を動かしながらつくることを重視していました。図1〜図3は〈竹わ〉という、竹にカーボンファイバーを貼り合わせてリング上の構造物にしたパビリオンで、

図3　ロンドンでの〈竹わ〉の展示の様子

図1　〈竹わ〉制作風景

図2　〈竹わ〉構造仮組みの様子

2019年にロンドンで展示しました。竹を曲げたところにカーボンファイバーの貼り付ける作業や仮組みを学生とともに8月の炎天下に行いました。このように、隈研究室ではデジタルデザインと肉体労働を同時に行うことが多かったです。

さて、私の研究的関心の一つは、建築のあり方(美学)を考えることです。現代はデジタルテクノロジーが一般化した後の時代で、ポスト・デジタルと呼ばれています。そのような中で建築のあり方はどうなっていくのかを、理論と実践の両面から考えています。モダニズムの巨匠の一人であるミース・ファン・デル・ローエが次のようなことを言っています。

「我々は時代を表現せねばならず、時代の中で建てねばならない。結局のところ、建築は文明の表現でしかあり得ないと、私は真に信じている。」(ミース・ファン・デル・ローエ著、小林克弘訳『建築家の講義 ミース・ファン・デル・ローエ』丸善、2009年、29頁)

建築のあり方とは普遍的なものとして存在するのではなく、常にその時代の世界観を反映したものとしてあるのだという思想です。そして、その世界観はその時代の文化的、技術的、社会的な状況を土台として人々の間で醸成されるものです。

接続の時代から切断の時代へ

博士論文では、デジタルテクノロジーが建築の考え方や設計にどのように影響を与えてきたかを考えました。その中で主に取り上げたのが、1990年代半ばのコロンビア大学におけるペーパーレススタジオです。それまでは、製図板と紙で図面を描いて設計していたのを、全部コンピュータの中で完結させようとした最初の設計スタジオがペーパーレススタジオでした。今ではコンピュテーショナル・デザインやデジタル・デザインと呼ばれていますが、それの一つの源流と言えるでしょう。

ペーパーレススタジオから生まれた建築の考え方には、その時代の社会状況が影響を与えています。冷戦が終わりベルリンの壁が崩壊して東西世界がつながる。EUが発足し、様々な国家が一つの枠組みの中で等価に共存するようになる。グローバリズムによってヒトやモノ、カネが国境を越えて自由につながっていく。技術としては、例えばインターネットがあります。地理的な境界を越えて自由に情報のやりとりができるようになりました。社会における様々な障壁や境界が取り除かれて、多様性が担保される時代が1990年代だったと言えます。私はこれを「接続の時代」と呼んでいます。

それに呼応するかたちで、ペーパーレススタジオから、新しい建築のあり方への探究が行われ、様々な設計手法が生み出されました。この試みの中では、「ジュラシック・パーク」（1993年公開）のようにハリウッドで発達したCG技術が活用されました。例えば、仮想空間上に重力を設定した敷地の3Dモデルを構築し、その中にボールを落として、敷地上で跳ね返る挙動をシミュレーションし、その軌跡をそのまま構造体にするといった手法です。

図4 〈横浜港大さん橋国際客船ターミナル〉

ペーパーレススタジオの中から生まれた様々な設計手法が建築物として実現した事例としては、FOA設計の〈横浜港大さん橋国際客船ターミナル〉が挙げられます［図4］。1枚の板が変形しながら、入管や待合室、さらには公園など、フェリーターミナルの様々な機能を緩やかに共存させ、国外と国内が壁で分断されずに緩やかにつながっているようなデザインになっています。ザハ・ハディドらに代表されるように、この頃から流線型の建築はどんどんメジャーになっていきます。繰り返しになりますが、

1990年代以降の社会状況や世界観が、そのような建築のあり方の成立に影響を与えていていました。緩やかに変形していく可変的な一つのシステムによって多様な存在が等価に接続される、それが1990年代以降の建築のあり方を定義付けてきたと思います。

ひるがえって現代を見ていくと、もはや接続の時代とは定義できない状況になっています[図5]。2010年代以降は、接続的な状況というよりも、むしろ切断的な状況に変化してきています。ポスト・トゥルースと言われる状況です。

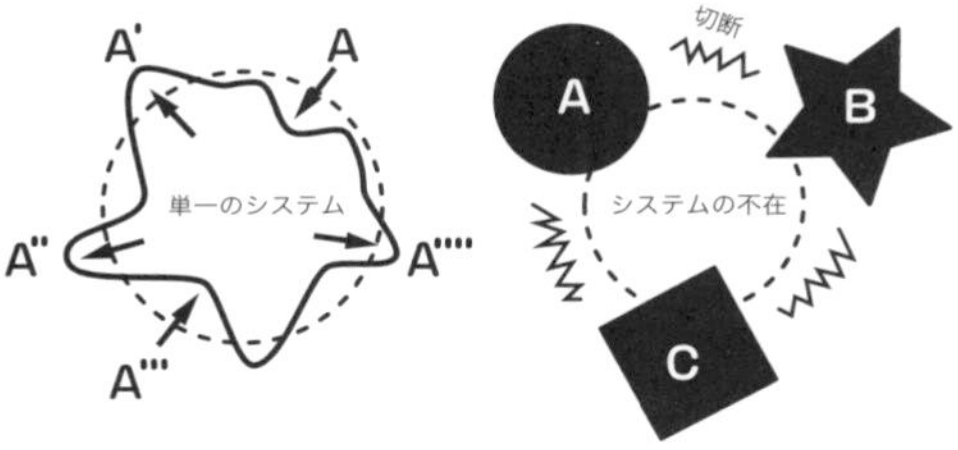

図5　接続の時代（左）と切断の時代（右）

まったく相容れない考えを持つ人たちが出てきて、いくら科学的な証拠を提示しても理解し合えない状況が生まれています。

「接続の時代」は一つの枠組みで多様性が担保された時代でした。それに対して、「切断の時代」はみんなが共有できる枠組みがなく、てんでばらばらになって、それぞれが完全に切断された状況になっています。そのような状況になった要因の一つに膨大さ（過剰性）があると思います。Instagramに何億枚の画像が上げられていたり、インターネットでは毎日大量の情報がやり取りされている。あまりにも情報量が膨大になったために、それらを内包するような一つのシステム、一つの枠組みがつくれなくなってしまい、いろんなものがてんでばらばらに散らばっている状況です。

そのような切断の時代に対応して建築のあり方も

アップデートする必要があるのではないかと考えています。どのような新しい建築のあり方が可能か。最近私が考えているのは、「情報量の膨大さの美学」というものです。英語だと「Aesthetics of (In) Excess」、(非)過剰性の美学と直訳できると思います。

情報量の膨大さ

建築設計において、情報量が圧縮されることは基本的に避けられません。例えば図面は二次元ですが、建築物自体は三次元の物体として存在しています。三次元のものを二次元に落として図面を描いて、それを最終的に三次元で施工していく。その意味で情報量は圧縮されています。情報量の圧縮は図面だけではなくて、建築のつくられ方自体にも内包されています。例えば、H形鋼のような工業的につくられた規格材があります。規格材を使うとそこで考慮しなければならない情報量が格段に減ります。そうでないと、例えば1本1本形のちがう木材を「この木は節があって曲がっているから、どうすれば使えるか」など、それぞれの形に応じて検討しなければならない。工業部材は材料や厚みや長さが決まっているため、扱う情報が格段に圧縮できるのです。

デジタルテクノロジーでも同様に情報の圧縮が行われています。一見、複雑で情報量が多いように見えるザハ・ハディドの建築ではNURBS曲面が多用されています。NURBS曲面は、少ない制御点で滑らかな曲線を描くための方法です。複雑に見える曲面でも実は数少ない制御点でつくられている。その意味で、情報量は圧縮されています。設計プロセスの図面における情報の圧縮。規格材などの建築のつくられ方における情報の圧縮が、建築のあり方も定義付けてきたのではないかと考えています。ミース・ファン・デル・ローエの「Less is More」も、「情報量が少ないことはよいことだ」と、そんなふうに解釈することもできます。

現在、格段にコンピュータの処理速度が上がってきて、ストレージ容量も増加しました。大量の情報を扱うことができるようになってきている。さらに世界的な状況を見ても、どんどん情報量は膨れ上がっています。そうした状況の中で、情報量の圧縮をベースにした建築のあり方ではなく、情報を圧縮しないようなあり方が可能なのではないか。

この議論の下敷きになっているのが

図6　3Dスキャンしたデータ

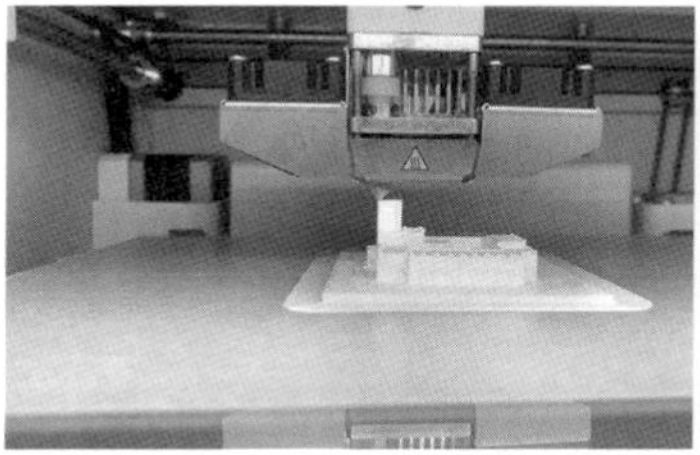

図7　3Dスキャンデータの3Dプリント

建築史家のマリオ・カルポです。カルポは、元々はルネサンスの建築の研究をしていた人です。それが、ルネサンス以降に出現した「建築家」という職業や、それによって建築のつくられ方がどのように変化したのかを研究する中で、デジタルテクノロジーがそのような建築家という職業の定義や建築のつくられ方を根底から変えてしまうインパクトがあることに気がつき、現在は盛んにテクノロジーについて論じています。その中で、情報を圧縮しない建築のつくり方を提唱しています［図6、図7］。

例えばドーナツを3Dスキャンしたとします。その1つの3Dモデルには

100万～1千万といった大量のポリゴンが入っています。ドーナツ1個で1GBぐらいの容量です。そうすればドーナツ表面にある微細な凹凸や形を単純化せずにデータ化できる。そして3Dプリンターを使えば、図面という情報量の圧縮を介さずにデータから物理的なモノに直接出力することもできる。だったら情報を圧縮しないこと、言い換えれば、膨大なものを膨大なまま取り扱うことについて考えようという主張です。

一方で、3Dスキャナはすべてをデジタルデータとして取り込めるわけではありません。存在しない穴が開いてしまっていたり、形が一部変形していたり、そもそも物体の内部は撮影できないわけです。寿司のしゃり一粒一粒までは3Dスキャンできません［図8］。必ず何かが抜け落ちたり、エラーで変質してしまう。

図8　3Dスキャンされた寿司

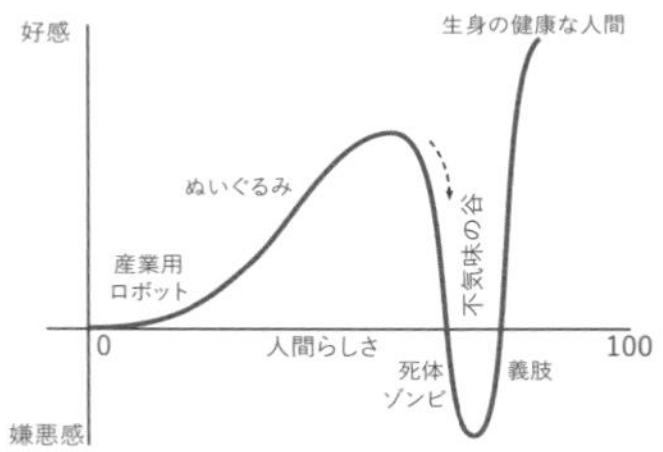

図9　不気味の谷

どれだけ3Dスキャンの精度やコンピュータの能力が上がったとしても、そこには「不気味の谷」のようなものが存在するのではないかと思います［図9］。これはロボット工学で言われていることですが、人間に似せてロボットをつくっていくと、どこかで急に不気味に感じられる段階が現れます。これを「不気味の谷」と言います。おそらく3Dスキャンでも同様で、どれだけリアルに忠実に緻密に捉えたとしても、どこかで不気味の谷が発生するのではないかと思います。あらゆるものを完璧にデジタルで把握して、そのデータを扱うことは根本的に不可能なのではないかということが、私の考えていることです。

同じようなことを考えている哲学者として、グレアム・ハーマンがいます。ハーマンはオブジェクト指向存在論という思想を提唱しているのですが、これは２０１０年頃から出てきた新しい哲学の動きで、その中で彼は「事物の汲みつくせなさ」と言っています。例えばiPhoneは液晶とＩＣとシリコンなどの部品からできていて、要素に分解はできるけれど、iPhoneそのものは、その構成部品の集合とは違った性質を持っているわけです。さらにiPhoneには、人間には把握できない質が隠されているかもしれない。すべてのものは他からは完全に把握することはできないという考えです。

建築は、つくる過程の中で物理的なモノとデジタルのモノの間を行き来します。そうした行き来の中で、どこかで情報が欠落したり変質してしまったりするのは避けられない。膨大なものを膨大なまま取り扱うことは原理的に不可能である。しかしそれは必ずしも悪いことではなく、むしろその不可能性の中にこそ新しい建築のあり方が宿っているのではないかと考えています。

ロンドン・デザインビエンナーレ

そうした問題意識で私が手がけた作品を紹介します。２０２１年に開催されたロンドン・デザインビエンナーレで展示していたインスタレーション〈Reinventing Texture〉です[図10]。２×８ｍほどのレリーフ状の構造体で、和紙の張り子でできています。

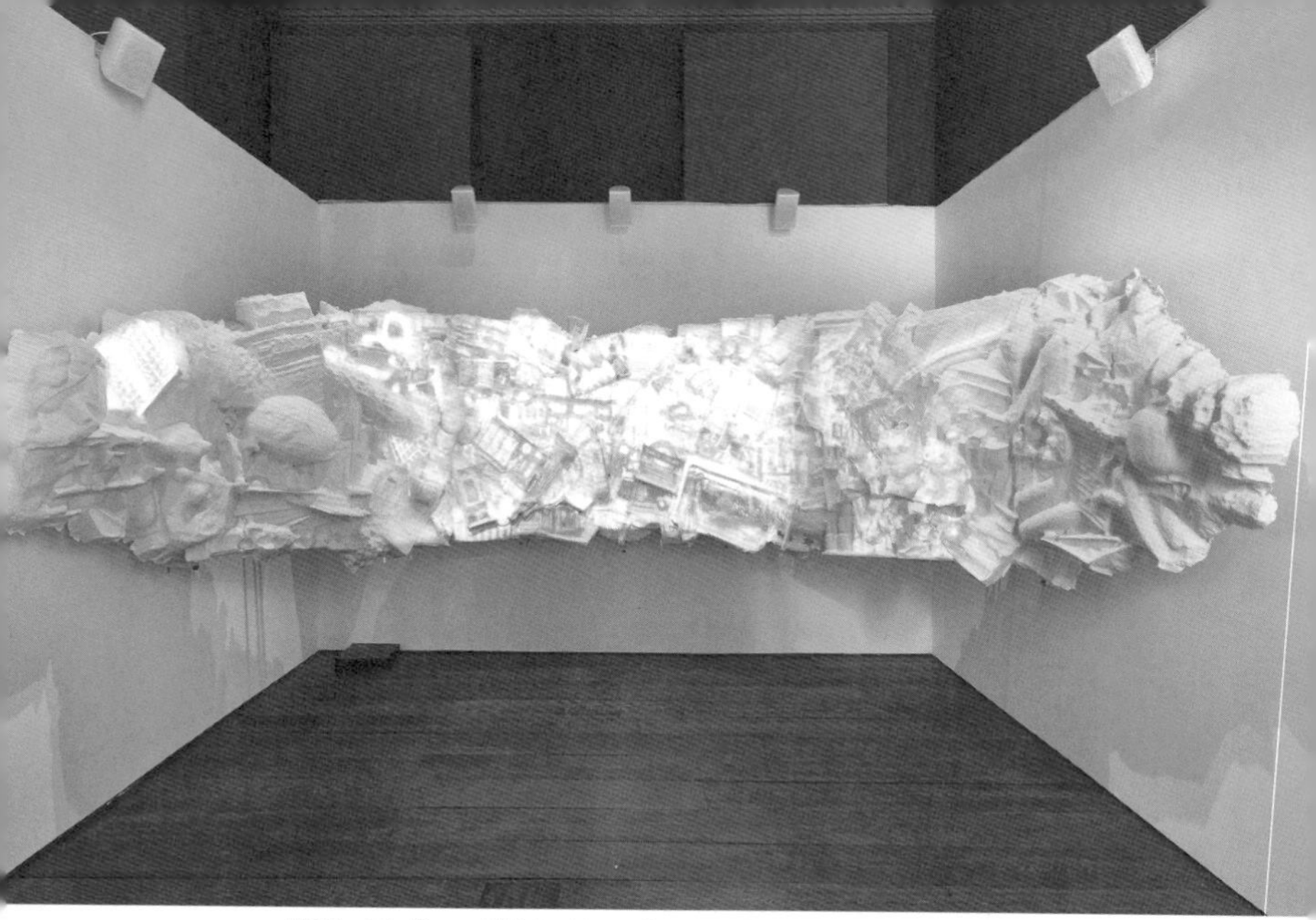

図10　ロンドン・デザインビエンナーレのインスタレーション作品

図11　3Dスキャンによって収集した東京のエレメント

東京とロンドンで3Dスキャンによってデジタルモデルとして収集した様々な都市のエレメントがコラージュされて全体が構成されています［図11、図12］。

デジタルモデルをコラージュしてつくった3Dモデルのデータを、CNC切削機を使って発泡スチロールの塊を削り出し、それを型にして、手作業で和紙をぺたぺた貼って、最後に脱型したものをロンドンに輸送して組み上げました。

3Dスキャンされたデータには、多かれ少なかれエラーや欠落があります。デジタルモデル上でのコラージュ作業の過程では、それぞれのモデルを実際

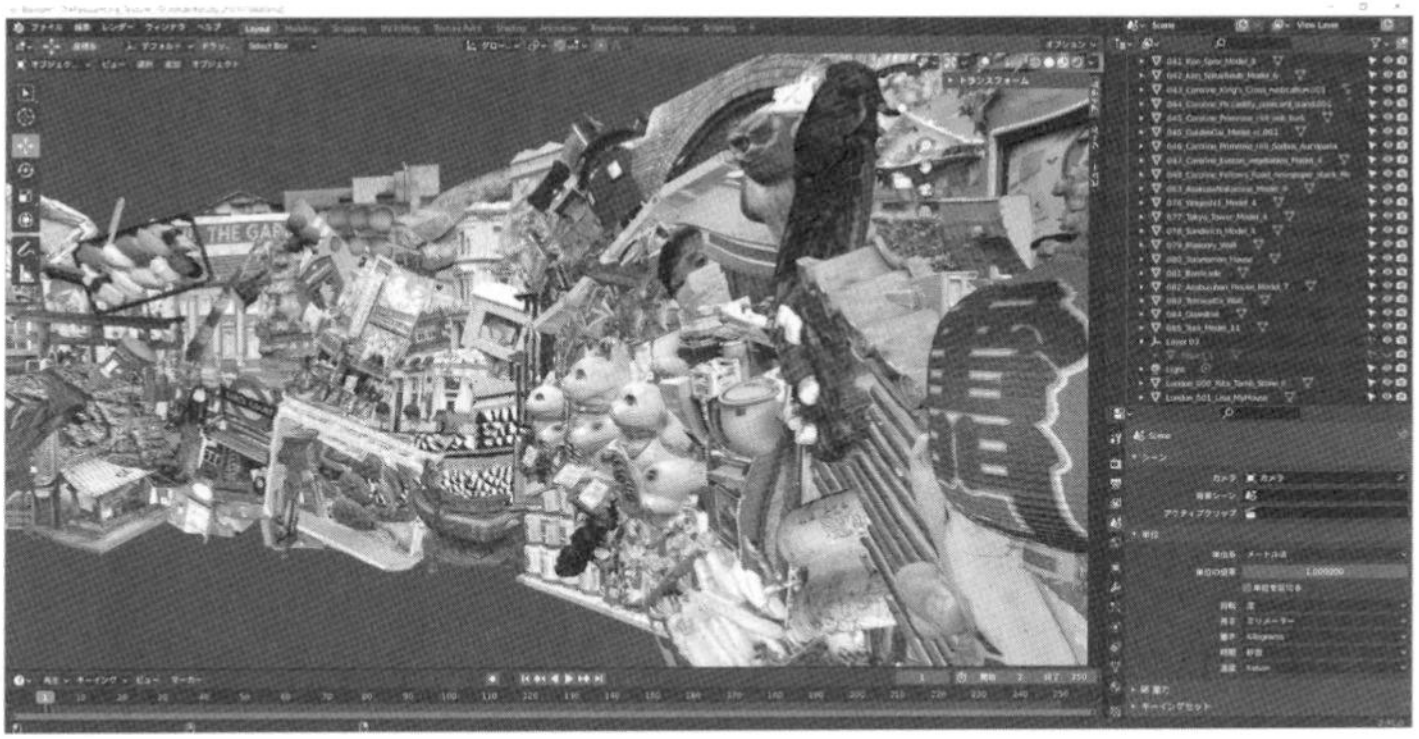

図12　デジタルモデル上でのコラージュ作業

図13　発泡スチロールのCNC切削

図14　張り子作業

図15　脱型した張り子

の大きさとは違うサイズにリスケールしています。例えばビルはすごく縮小したり、ドーナツは実際の10倍のサイズにしたりしていて、元のモノが持っていた情報を変換しています。それを発泡スチロールから削り出すことによって、CNCのドリルの径や発泡スチロールの脆さなどのファクターによって3Dモデルの形状からさらに変質します［図13］。張り子をすることで、和紙によるシワができたり、重なりによって厚みにも変化が生じます［図14、図15］。

デジタル・フィジカルの両方でつくることで生まれる新しさ

フィジカルからデジタル、デジタルからフィジカル、さらに手作業を経て、いろんな情報が抜け落ちたり変質したり、付加されることによって最終的に作品ができていきます。情報の抜け落ち、変換、付加を経るからこそできる新しい価値、美しさみたいなものがあるんじゃないか。その実験として、このプロジェクトをやっていました。例えば、手作業も予期せぬ情報を付加する手段として捉えられます。

3Dプリントするのと、和紙をぺたぺた貼るのでは、仕上がったモノの見え方は相当変わると思います。和紙を張って、リアルな形から離れてシワがあったり変な形が出てくるモノの方が魅力があると考えていますし、CNCで削り出せば1週間でできるものを3ヶ月手作業で張ったことで現れる質や気配はあると思います。

デジタルで建築を考えるとき、ともすれば、極限までオリジナルに忠実なかたちで何かが設計できると思われがちです。実際はそうではなくて、必ず情報の抜け落ちや変換、変質があります。例えばスマートシティでも、まちをバーチャルに再現して交通量などシミュレーションすれば現実世界でも同じように事故が減って完璧な生活が送れるといった考え方がありますが、そこではデジタル化できない気配や質といった視点が欠けているようにも感じます。むしろデジタルテクノロジーを使うからこそ、そうした気配や質に気づくことができると思いますし、そうしたものを欠点として見るのではなく、そこに価値を見いだすことにこそ、新しい建築のあり方があるのではないかと考えています。

大学で私が担当している基礎演習や設計スタジオでも、同様のテーマで探究を行っています。学部3年生向けの造形第四という基礎演習では、身の回りのモノを3Dスキャンし、それをフィジカルなオブジェとして制作するという課題に学生が取り組みます。課題では、3Dスキャンした同じモノから10cm未満と30cm以上の大小2個のオブジェを制作することを求めています[図16～図18]。それは、つくる大きさによって選択できる製作方法や素材が変わり、元となる形状は同じでもでき上がるモノが持つ情報が異なってくることに気づくことを狙っているためです。デジタル空間上ですべてをつくろうとしたペーパーレススタジオの教育に対して、デジタル・フィジカルの両方でつくることを探求する教育だと言えます。

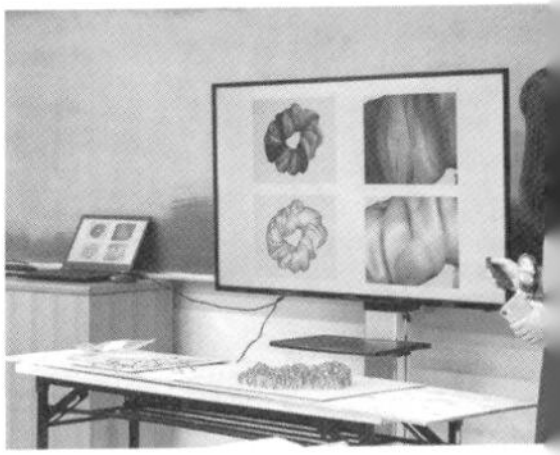
図16　3Dスキャンしたシュシュ

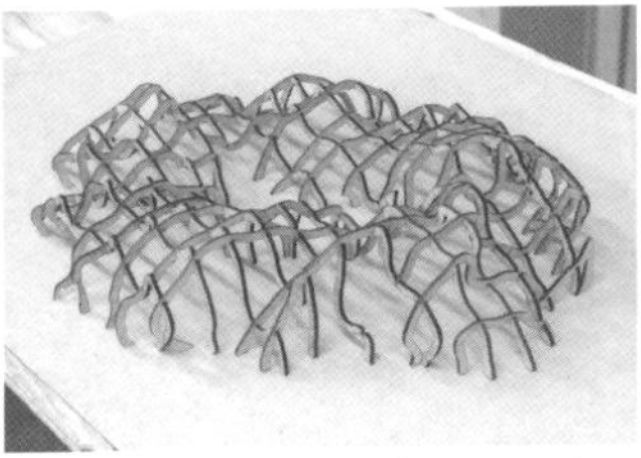
図17　シュシュをレーザーカットしたMDFのワッフル構造で製作したもの

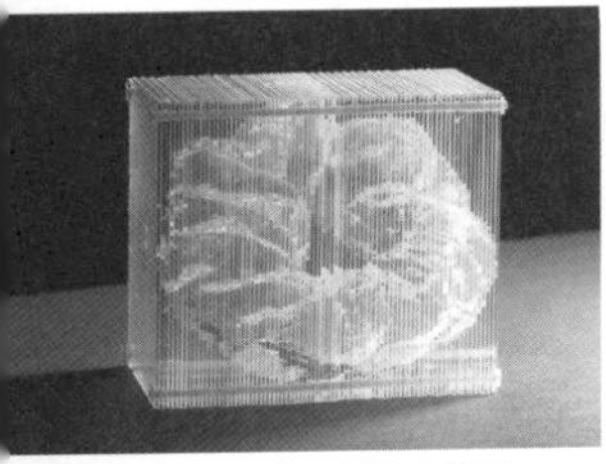
図18　レーザー彫刻した透明アクリル板の積層で製作したもの

手で考え身体でつくるデザインビルド教育の実践

MAKER 12　山本裕子

ユタ州の厳しい自然環境の中、居留地で20年にわたって続く実践的教育プログラム「DesignBuildUTAH@Bluff」。ユタ大学の学生が設計し、4ヶ月の間は現地に移住して、建設する。このプロジェクトを夫婦で運営する山本裕子にとって、キーとなるのは「Sweat Equity」である。クライアント、学生など関わる人間が一緒に汗をかく思想は教育にとどまらず、これからの建築生産のあり方を考えるうえで示唆的であり、見据える射程は長い。

自分が学び大好きになった実践教育を次世代にも

２０１３年からアメリカ・ユタ州のブラフという小さな村に移住して、ビジネスパートナーでもある夫と、2人の娘、1匹の子犬と一緒にDesignBuildUTAH@Bluffという実践型の建築教育プロジェクトを運営しています。

私は名古屋で生まれ育ち、神戸大学で建築教育を受けました。大学での研究対象は主に関西の伝統建築でしたが、そこから職人さんやフィールド調査、地域の建築に関心が移っていき、そして実践的な建築教育の世界に飛び込んでいきました。学生時代には大学の垣根を超えて、実践型のワークショップに参加する機会があり、建築家の丸山欣也さんや、左官職人の久住有生さんにお世話になりました。こうした方々から多くを学んだので、その知識や経験を、今度は自分が次の世代にどうパスするかを仕事のモチベーションにしています。大学を卒業後、アメリカに来るまでは会社員として、東京で新築マンションの建築監理や現場監督をしていましたが、建築をつくり上げる中で作業があまりにも細部化され自分の手に負えないことが多いこと、建築主・施主・設計・施工という各立場も別れていて、くっきりと境界線があることにフラストレーションが溜まり、結局、実践的な建築教育の場に戻ってきました。

ナバホ・ネーションの美しく過酷な環境

DesignBuildUTAH@Bluffは、ユタ大学の建築学部の大学院生を対象としたプログラムです。ネイティブアメリカンのナバホ族には住環境が恵まれない方が多数いて、そういった家族に住宅を提供する活動です。設計から施工まですべてを学生が中心となって行う中で、他人と協力して何ができるのか、楽しく作業しながら自分の能力をどうやったら社会のために活かせるかを学ぶ場をつくっています。

ユタ州はアメリカの中西部にあります。ユタ州の南東角エリアはフォー・コーナーズと呼ばれていて、そこにブラフという人口200人ほどの小さなまちがあります。

また、ネイティブアメリカンは現在、全米で574部族が認定されており、民族的、文化的、言語的に固有の彼らの居留地（ネーション）として指定されているエリアは229あります。その中でも最大の規模の居留地がナバホ・ネーションと呼ばれるエリアで、ブラフはその大きなエリアの北端外側に位置しており、そこを拠点として毎日ナバホ・ネーションの建設現場に通います。普段学生がいるのはユタ大学のあるソルト・レーク・シティで、設計は大学で行いますが、施工時期になると学生はブラフに短期移住して一緒に住宅をつくります。

図1のように、日本と比較すれば違う惑星じゃないかというようなランドスケープを日々目にしています。北に2時間走ればアーチーズ国立公園があり、南に2時間半走ればアンテロープキャニオンがある。どこへ行っても広い空と広い大地が広がる所です。

図1　家の外に広がる大自然

図2　週末にはローカル文化や歴史を学ぶ

ナバホ・ネーションは手付かずの自然がみられる反面、生活するのは容易ではありません。中部地方と匹敵するほどの範囲に、ガソリンステーションなども入れて全部で十数ヶ所しか食材、日用品を買う場所がないような状態で、当然、設計事務所、施工会社、建材店、すべてが遠いです。私たちの現場も、着工時は道路もなければインフラもまったくないことがほとんどで、家が竣工して初めてホームオーナーが地元の自治体に連絡をしてインフラの申請をします。ほとんどの人はトレーラーハウスを外から持ってきて自分の敷地に設置して住んでいますが、様々な面で改善が求められているエリアです。

家を建てることで学ぶ

DesignBuildUTAH@Bluffのプロジェクトは、私たちと学生、そしてホームオーナーでチームを組んで進めます。ホームオーナーには地元の自治体からの補助金を受けるための手続きをしてもらい、私たちが建築資材を買うお金はその補助金でまかないます。それに加えて、その他の建築資材の寄付であったり、発注ミスなどで余った窓、タイルなどを学生と一緒に集めます。

図3　ローカルの素材を観察する

図4　学んだ文化、素材を自分たちの創造に活かす

人的な労働力の寄付としても、たくさんのボランティアに来てもらいます。今までに23棟の住宅と、コミュニティ施設、小規模のアートインスタレーションなどを10作以上つくり、累計で400人ほどの学生が参加してきました［図2〜図16］。

プログラムとして、学生に学んでほしいことは4つあります。まずは**Teamwork**。ともに学んで、ともに働いて、ともに生活して、否応なく学生はチームワークを構築して、その大切さを学ぶことになります。そのチームワークを強くするために必要なのが**Diversity**です。できるだけ多様性のあるチームをつくるために、性別、年齢、民族など、来る者は誰も拒まない姿勢で進めています。また、ホームオーナーとの対話や、地元の業者とのやりとり、予算の計画や管理といった、建築に関わる広い職種を、このプロジェクトを通して知ってもらうための機会を提供しています。さらに**Culture**も大事です。地域に根付く文化を理解し尊重するために、そうしたものを探求する時間も積極的に設けています。最後が**Shared Knowledge**で、活動から得た経験はなるべくみんなに共有して、共有する中で出てくるフィードバックによってプログラムの改善に努めています［図5、図6］。

デザインのコンセプトとして、家を建てる際に大事にしていることも4つあります。まずは**Education**。学生だけではなく、ホームオーナーやその家族、来てくれるボランティア、地域住民、みんなの学びの機会としてもらいたい。だから、プロフェッショナルだけではなく、みんながセミプロになり得るものをデザインするようにしています。次が**Ecology**で、ローエナジーで住める家、メンテナンスが極力少ない家にすることです。そういう方法を探していくと、自動的に古くからの方法を模索していくことになります。どうやって夏に日陰を提供して、どういう通風を確保するのか。そうしたことをデザインの軸に置いています。もう

図5　以前のプロジェクトを訪ねて、そこにリンゴの木を植える学生

図6　2007年のプロジェクトを訪ね、かつての学生の作品を見て、簡単な補修をする学生

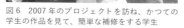

1つが**Health**で、家を通してホームオーナーの方に、より健康的で健全なライフスタイルを提供するアイデアを捻り出しています。そして最後が**Scenery**です。ランドスケープからインスピレーションを得て、それをデザインに活かすことで、最終的にはこの土地の美しさを地元の人が再認識でき、自分たちの生活に誇りを持つきっかけになる住宅づくりを目指しています[図7、図8]。

　プロジェクトで建設する住宅は80㎡ほどの平屋で、建設コストは約7万ドル、日本円に換算すると1棟あたり1千万円強くらいです。そのうちの2万ドル相当は建材寄付で頂いて、残りの5万ドルは補助金です。これは純粋な建築材料のコストで、人件費は授業として参加する学生とボランティアによるので、ほぼゼロで、低コストが可能になっています。年間のスケジュールとしては、春に私と夫と2人でプロジェクトの準備を始めます。学生が参加するのは5月からで、そこから8月上旬までの夏学期の間にナバホ・ネーションがどういった場所かを知るところから基本設計、実施設計をして、秋学期になるとブラフに移住して4ヶ月間で家を1棟建てます。コンセプトをつくり出す段階から最後ホームオーナーに鍵を渡すまで、同じ学生が1年以内で完結させるのが特徴です。

図7　2020年の「Four Peaks」設計施工住宅は、コロナ禍の困難も乗り越え完成。周囲の自然と調和するデザインが特徴

図8　2021年「Horseshoe」設計施工住宅では、温室を初導入し、年間を通じて新鮮な野菜を収穫する環境づくりを目指した

図9　ドローンから俯瞰する基礎工事

施工は、3週間しっかり働いて1週間休むサイクルを4回繰り返します。朝は日本のラジオ体操からはじまり、現場に出かけて終日作業、晩ごはんは交代でつくって、みんなで食べるという共同の生活です。私たちの現場には基本的に道路も水も電気もないので、重機にはほぼ頼らず、ひたすらみんなで体を動かします。基礎工事ではコンクリートミキサー車ももちろん来ないので、小さなミキサーでコンクリートを練って手押し車で運びます［図9］。壁を建てるところから屋根までやって、構造が終われば内装、外装です［図10〜図12］。すべて学生がつくります。終盤には、もう私たちスタッフが何も言わなくても、学生が自分で段取りを組んで自主的に動けるようになっていて、最後の瞬間まで本当に頑張って働いてくれます。最後はホームオーナーに鍵を渡して、涙、涙の楽しいパーティをして、学生は街に戻っていき

図10　構造作業を行う学生

図11　軸組をみんなで持ち上げる

図12　屋根の仕上げを行う学生

図13　竣工式（2022年）人種、年齢を問わず、関わった多くの方々と苦労をねぎらう

ます［図13］。

住宅を建設して終わりではなく、プロジェクトごとに、建築図面だけではなく、３００頁を超える「ビルディングジャーナル」と呼ぶ本をつくって、プロジェクトに関わる詳細（費用、スケジュール、道具、材料、施工の仕方、メンテナンスの仕方、たくさんの写真）を記録したものをホームオーナーに渡しています。いずれ彼らがメンテナンスを必要としたとき、リノベーションを考えたとき、誰かが同じ作業をしたいと思ったときに役に立つように、こういった資料も学生がつくります。

お金の代わりに労力を支払う「Sweat Equity」と、そこに至る道程

私たちのプロジェクトにとって一番大事なコンセ

プトは「Sweat Equity」です。Sweatは汗で、Equityは公平性とか平等な機会を意味しています。ホームオーナーがお金ではなく、労力を支払う仕組みを大事にしていて、施工者とクライアントという関係性ではなく、一つのチームとして盛り上がっていくような仕組みをつくり上げようとしています。

クライアントであるホームオーナーも施工に参加することによって、新しい住宅への愛着を持つことができ、メンテナンス方法も具体的にわかります［図14］。Engagementという言葉もよく使われますが、そうした参加者の関与を高める仕組みになっています。スタッフから学生に方法を伝え、学生がホームオーナーやボランティアに指導して、ホームオーナーがまたその家族に方法を伝えていく、ホームオーナーも含めて知識や経験をシェアして教え合う仕組みをつくっています［図15］。

図14　キッチンのコンクリートカウンターの模様をつくるために、現場で拾った石を並べるオーナー家族

図15　かつてのホームオーナーが新しい現場に来てくれて指導の手伝いをしている

私たちが家を建てるエリアは特に教育、就業の機会が少なく、結果として低所得で、住環境に改善が必要なエリアです。また格差が激しいアメリカでは、どこを見ても、貧困、差別は常に身近に考えさせられる問題です。ただ、その差をどのように埋めて、どうしたら公平性を高めていけるかと考えたとき、その答えが汗でした。お金ではなく汗を対価として交換する。それを「Sweat Equity」と呼んでいます。この

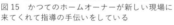

「Sweat Equity」というコンセプトは最初からあったものではなくて、本格的に意識し始めたのは2017年くらいからです。

DesignBuildUTAH@Bluffは2004年頃にハンク・ルイスさんがNPOとして最初の住宅を学生とともにデザインビルドし、2013年からユタ大学の正式な授業の一つになりました。

アメリカとヨーロッパのデザインビルド史を見ると、1980〜1990年代にスタートしたものがたくさんあります。1993年からRural Studioが始まりますが、これを始めたサミュエル・モクビーさんは1990年代にアラバマ大学で、アメリカ南部の黒人の貧困層に対して、デザインビルド教育を通して住環境の改善を図ってきた人です。ハンクさんはそれにすごく感銘を受けて、実際にサミュエル・モクビーさんから、「もし君もやりたいならユタにナバホ族がいるじゃないか」という助言を受け、NPOの活動をスタートしました。

アメリカでは、1960〜1970年代のベトナム戦争をきっかけに広がった反体制、差別や貧困に対する抗議活動、人間性の回復といったことで、デザインビルドが盛り上がりを見せた1980年代があり、その成果がメディアに取り上げられることでさらに広がっていったと一般的には言われます。私が実際にアメリカで経験した限りでも、2005年の台風カトリーナの被害や2008年のリーマンショックなど、何かみんなが落ち込むことがあると、その反動で回復しようという気持ちが高まって、いろんなものが立ち上がるように感じています。

建築家の香山壽夫先生に教えていただいたのですが、1875年くらいにジョン・ラスキンは、建築を学ぶ非常に裕福な学生に道路工事作業をさせる授業を行っていたそうです。手を動かして学ばせるというのは1875年ですらあって、同じ学び方を今もやっている。人間がずっと行ってきたことなのかなと感じています。

ブラフの実践的な建築教育というのはNPO時代からずっと変わっていませんが、「Sweat Equity」というコンセプトを取り入れる前には、せっかくつくった住宅にホームオーナーが愛着を持つことができず、あまり使われないこともありました。この「使われない」問題は私たちに限らずアメリカの他のデザインビルド教育でも見られて、メディアでも取り上げられたようなプロジェクトが10年後に訪れると草ボウボウといったことがよくあります。それは愛着が持たれていないことの現れです。学生だけではなく、使う人に当事者意識を持ってもらえるかが、とても大事だと思っています。

また、当初は設計が大きくなって終わらないプロジェクトが続出し、それで学生の満足度が上がらなかったこともあり、2012年からは完成するプロジェクトであることに優先順位をおいて、4万ドルハウス（約500万円）を10棟くらいつくりました。それが今度は、学生がプロジェクトに集中するあまり地元の歴史や文化、人と触れ合う機会がないことに気付き、施工の負担をホームオーナーとシェアしてはどうかとなりました。作業の一部をナバホ族のホームオーナーとシェアするようになると、会話が増え、言葉を覚え、ともに食事をして、お互いの歴史・文化により興味を持ち、チームがまとまります。なおかつ作業をシェアすることで、ホームオーナー自身が施工方法を理解し、将来の住宅のメンテナンスを自身で引き受ける覚悟、愛着が見えてきたのです。ホームオーナーに施工にもっと関わってもらえると、たくさんの問題（使われない問題、作業が終わらない問題、希薄な関係、メンテナンスの知識不足など）が解決することに気付きました。そのようにどんどん手を加えていって「Sweat Equity」に到達しました［図16］。一般的な建築の世界もそうですが、つくる側と買う側とで分断があります。「この温度差は何だろう」ともやもやしていたので、もう少し地域の人を交ぜる、施主を交ぜるといったことをしながら、徐々に変えていきました。

小さな種を蒔く

今は大きなプロジェクト以外にも、

図16　ホームオーナー夫婦が建設中のプロジェクトの前で誇らしげに立つ（2017）

図17　地元アーティーストとの壁画プロジェクト

たくさん小さな種を蒔いています。例えば、地域の人にも手伝ってもらいながら、黒人のアーティストのチップさんと地域の人と一緒に壁画プロジェクトを行ったり［図17］、地元の小学生のアフタースクールに先生として勝手に乗り込んで行って、自分のアイデアを2D、3Dに表現してみる練習や、友達と何かをつくる楽しさを伝える活動をやってみたり、地元の人みんなでアースオーブンをつくったり［図18、図19］。子供たちもできる作業を用意して、全員が楽しめるようなプログラムをいつも探しています。

もう少し技術をつけた人になると、初めてのDIYとして小さなトレーラーハウスをつくるプロジェクトをやったり［図20］、もっと経験者向けだと、北欧の木軸軸組みの技術を使って地域のコミュニティガーデンにシェードをつくるプロジェクトをやったり、レベルに合わせて1週間とか週末だけでできるものをやりながら、いろんな種を蒔いていくことを始めています。

DesignBuildUTAH@Bluff が始まった20年前は、何かが始まったらしいけどよくわからないという感じでしたが、今は完全に地域の方に認知されていて、次にどんなことをやるのか聞かれたり、年中アップデートを聞かれたりして、「コンクリートカウンタートップを打つなら面白そうだから行こうかな」という感じで受け入れてくれています。

村に大きな仕事を生み出すような事業を始めたわけでもないし、大きく何かを変えてはいませんが、ここに来たら何かしら面白いことをやっているだろうなという期待を、卒業生にも地域の人にも感じさせられる存在であり続けたいと思っています。そのために、常に何かをつくっている場をずっと保ち続けたいと考えています。願わくは、実際にブラフまで来て私と一緒にこのプロジェクトをやってくれる人、さらにはデザインビルド教育を引き継ぐ人が現れてくれることを期待しています［図21］。

図18　土で理想の家をつくっている小学生たち

図19　みんなでつくったコミュニティアースオーブン

図20　初心者向け大工クラスとしてつくったトレーラーハウスの構造

図21　ブラフにて20周年イベントの「Don Don-Den Den プロジェクト」完成集合写真。ブラフの地域の人々、プログラム卒業生、日本からの職人集団とともに手でともに作る楽しみを祝った。このような場を提供し続けたい。

生きるためにつくる、つくるために生きる

「つくること」とわたしたちの距離が、ここ数年で急激に縮まってきたと感じる。DIYという言葉はここ数年ですっかり市民権を獲得し、テレビ番組やYouTubeを賑わす。各地に眠る空き家を仲間でリノベーションをして活用する動きも、もはや珍しくない。デジタルファブリケーションの普及は、生活者や設計者に、ものや空間をつくる自由をもたらす。一体何が、忙しい現代社会を生きるわたしたちを、「つくる」ことに突き動かすのだろうか。

生きるためには、つくらなければならない。厳しい自然環境や社会の中で生き延びるためには、雨風を凌ぐ住居や、生活を営むための道具をつくり続ける必要がある。生きるためにつくる──それは太古の時代から今に至るまで変わらない、人間の最も根源的な行為のひとつだ。

つくることには、もうひとつの重要な側面がある。それは、つくる行為それ自体が、人々に生きる喜びをもたらすということだ。誰もが一度は、何かをつくることに時間を忘れる程夢中になった経験があるだろう。何かを生み出せたその感動を一度味わうと、もう抜け出すことはできない。より高い精度と効率、未知なる創造を求めて、新たなモノや空間を夢中になってつくり続ける。つくることは、人々の生き甲斐にもなる。ここに、つくるために生きる人々の姿を見出すことができる。

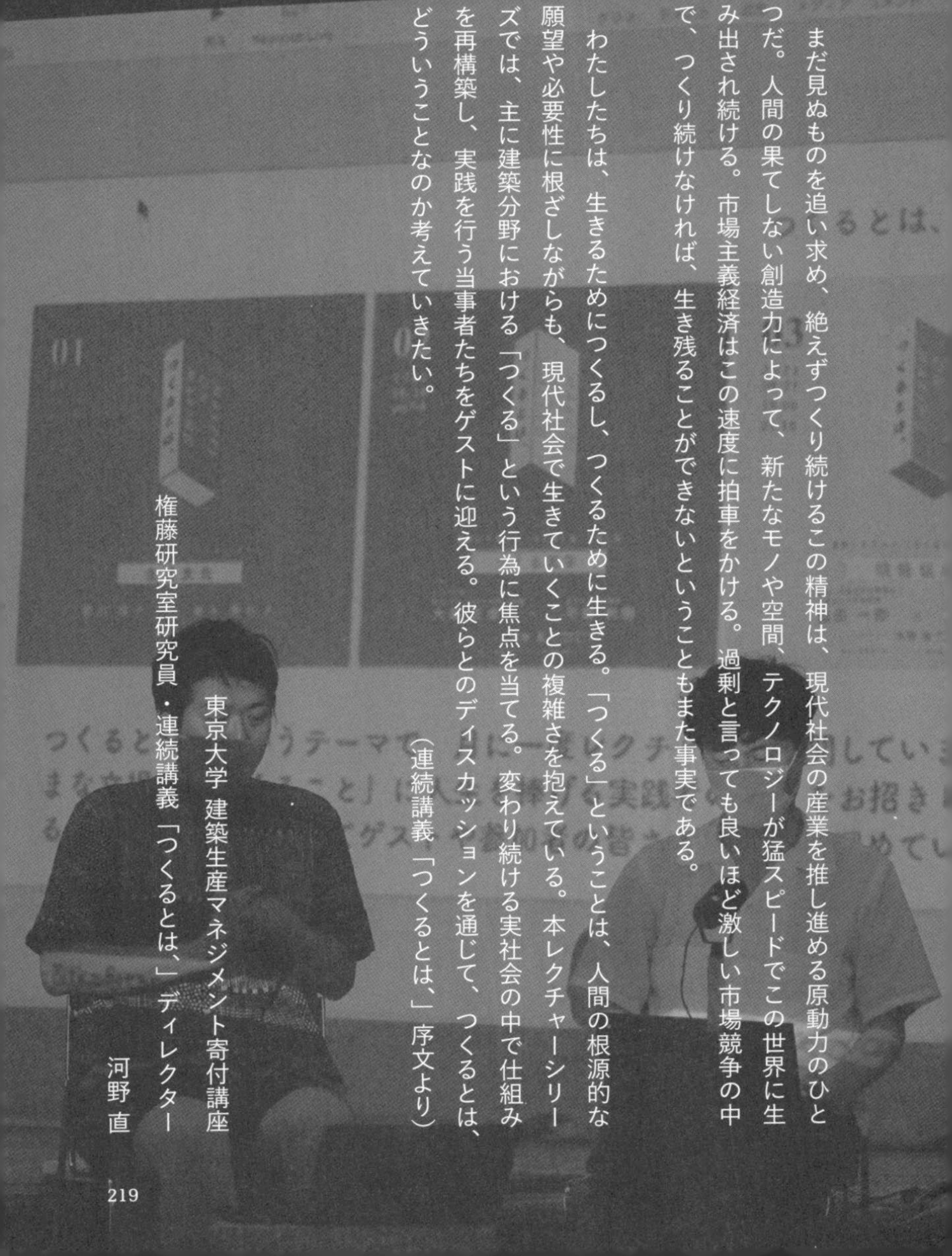

まだ見ぬものを追い求め、絶えずつくり続けるこの精神は、現代社会の産業を推し進める原動力のひとつだ。人間の果てしない創造力によって、新たなモノや空間、テクノロジーが猛スピードでこの世界に生み出され続ける。市場主義経済はこの速度に拍車をかける。過剰と言っても良いほど激しい市場競争の中で、つくり続けなければ、生き残ることができないということもまた事実である。

わたしたちは、生きるためにつくるし、つくるために生きる。「つくる」ということは、人間の根源的な願望や必要性に根ざしながらも、現代社会で生きていくことの複雑さを抱えている。本レクチャーシリーズでは、主に建築分野における「つくる」という行為に焦点を当てる。変わり続ける実社会の中で仕組みを再構築し、実践を行う当事者たちをゲストに迎える。彼らとのディスカッションを通じて、つくるとは、どういうことなのか考えていきたい。

（連続講義「つくるとは、」序文より）

東京大学 建築生産マネジメント寄付講座
権藤研究室研究員・連続講義「つくるとは、」ディレクター
河野 直

おわりに

かつてハブラーケンは「あなたに〈普通〉はデザインできない」と書いた（『都市住宅』1972年9月号）。あなたとは「特別な建物」をつくる従来の建築家をさす。そして住まいは、「普通のことをする普通の人びとによってつくられる」。

本書に登場するのは、30歳から50歳程度、自分と年の差ひとまわりにおさまる方々である。建築家もいるが、建築家らしい建築家やスターアーキテクトとは違うし、目指してもいない（と思う）。

私事ながらこれまでの人生を振り返ると、小学校低学年の頃にはバブルがはじけていた。阪神・淡路大震災では、小学5年生の朝早くに家が揺れた。大学入試の勉強をしていたら9・11の映像がテレビで流れた。リーマンショックでは、友人や先輩が勤め始めた人気のある会社が倒産してしまった。東日本大震災では市ヶ谷のバイト先から駒込のアパートまで歩いて帰った。社会が大きく盛り上がるようなことはあまりなく（あったとしても個人的には無縁で）、数年おきにひどいことが起きてきた。世の中がゆっくり衰退していくような感覚はあった。

まとめると怒られそうだが、本書に登場する方々も同じような時代を生きてきたと思う。同じような時代を経験し、現在、従来の建築や空間に関わる職能を広げた活動をされている。彼・彼女らの問題意識はいくつかの点で共通している。風景や生態系が失われている。材料が捨てられるのはもったいない。設計をする人間と使う人間の間に距離がある。建築の仕事が細分化されている。総じて、住宅地でも石積みでも銭湯でも、あるいは建築を設計して建てる仕事のあり方でもいい、私たちの日常や風景を成り立たせてきたしくみが、このまま いくと成り立たなくなっていく感覚がある。そして、知らないうちに何かが損なわれていくような流れを変えるには、1つ1つの建築作品というよりも、そのつくり方やつくるネットワークを見直していく必要があると感じている。ただし、広く社会全体を変えるのは難しいし他人に押しつけるのも嫌なので、自分から率先して動いて、自分の周りから変わってくるような過程を思い描く。ヒロイックな、ある意味で作為的な建築ではなく、自然と生み出されるような普通の建築や空間、それが現代的なかたちで生み出されるしくみに関心がある。

本書で最後に登場する山本さんが書いているように、自ら手を動かそうという運動は、何かひどいことが起きた後に、そこから回復しようとして立ち上がってくるものらしい。自分自身これまでに特段ひどい経験をしたわけではないし、何か実際にプロジェクトを動かすといったことはあまりしていないが、1つの建物にとどまらないつくり方やしくみを自分自身の生活や日常にとって手応えのあるかたちで普通につくりだしたい、という著者の方々の感覚には共有するところが多かった。本書が、そうした活動を今思い描いている読者にとって、何か一歩踏み出す後押しになればうれしい。

最後に、お世話になった方々に御礼申し上げたい。まず本書は一般財団法人住総研の出版助成を受けた。また、連続講義「つくるとは、」は、建築生産マネジメント寄付講座が企画・運営しており、同講座は大林組、鹿島建設、清水建設、大成建設、竹中工務店の建設会社5社の支援によって運営されている。
本書の表紙やグラビアページ、本文のレイアウトなどのデザインは、なつめ縫製所の夏目奈央子さんによるもので、本書に合ったクラフト感のあるデザインにしていただいた。本書の編集は、学芸出版社の中木保代さんにお願いして、企画の段階から継続的にアドバイスをいただいた。連続講義の企画・運営は和田隆介さんに手伝っていただいた。連続講義には毎回2名の方にご登壇いただいた。本書ではテーマや構成上、何名かの方の講義については割愛させていただいたが、また機会があれば内容を広く公開していきたいと考えている。

本書の最新・関連情報は、下記の web サイトでご覧いただけます。
https://book.gakugei-pub.co.jp/gakugei-book/9784761528935/

編著者

河野 直（こうの なお／ Nao Kono）
東京大学研究員、合同会社つみき設計施工社共同代表、
一般社団法人 The Red Dot School 共同代表
1984年広島県生まれ。京都大学大学院修了後、26歳の時にどこにも就職することなく、つみき設計施工社を起業。「ともにつくる」を理念に、住む人とつくる人が、ともにつくる「参加型リノベーション」を展開。著書に『ともにつくる DIY ワークショップ』等。2021年東京大学権藤研究室研究員・連続講義「つくるとは、」ディレクター。2023年にデザインビルド教育拠点である一般社団法人 The Red Dot School を開校。3児の父。

権藤 智之（ごんどう ともゆき／ Tomoyuki Gondo）
東京大学准教授
1983年香川県生まれ。2011年東京大学大学院博士課程修了。博士（工学）。日本学術振興会特別研究員、首都大学東京現東京都立大学准教授、東京大学特任准教授を経て2022年4月より現職。研究テーマは、地域の建築生産の実態調査、高層ビルやプレハブ住宅の構法史、複雑形状構造物の実大制作など。共著・編著に『箱の産業』彰国社、2013、『内田祥哉は語る』鹿島出版会、2022など。

翻訳 Bryan Ortega-Welch

建築をつくるとは、
自ら手を動かす12人の仕事

2024年5月25日　第1版第1刷発行

編著者………河野　直・権藤智之
著　者………荒木源希、森田一弥、山口博之、西山芽衣、
釜床美也子、栗生はるか、東野唯史、一杉伊織、
水野太史、真田純子、平野利樹、山本裕子

発行者………井口夏実
発行所………株式会社 学芸出版社
〒600－8216
京都市下京区木津屋橋通西洞院東入
電話 075－343－0811
http://www.gakugei-pub.jp/
E-mail: info@gakugei-pub.jp
編　集………中木保代

ＤＴＰ………村角洋一デザイン事務所
装　丁………なつめ縫製所　夏目奈央子
印刷・製本…シナノパブリッシングプレス

ISBN 978－4－7615－2893－5

関連書籍

地方で建築を仕事にする
日常に目を開き、耳を澄ます人たち

五十嵐太郎 編
四六判・256 頁・本体 2400 円＋税

建築というスキルを通じて、それぞれの場所を切り拓く 15 人のエッセイ。新天地で主婦業からの再スタート、究極のゼロエネルギー住宅の実現、不動産業から建築家への転身、大学を休学してやり遂げた集合住宅プロジェクト、古い町並みを残す戦略的リノベーション。今、東京以外の場所に、新しい課題と可能性が生まれている。

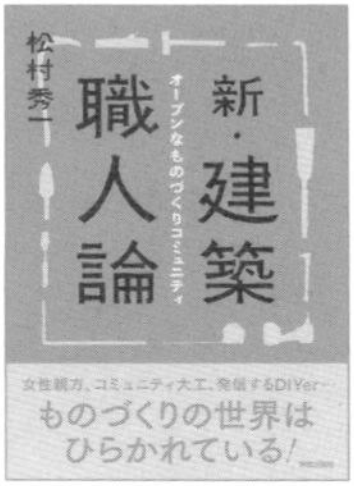

新・建築職人論
オープンなものづくりコミュニティ

松村秀一 著
四六判・192 頁・本体 2300 円＋税

千年続く“職人社会”は今、女性職人やコミュニティ大工といったかつてないタイプの技能者が自由に出入りできる時代を迎えようとしている。人手不足や高齢化で衰退する職人の世界を一刻も早く外へひらき、いかに新しい形で再興するか。ものづくりの豊かさや面白さをだれもが体現できる社会の到来に、建築の未来を展望する。

情報と建築学
デジタル技術は建築をどう拡張するか／東京大学特別講義

池田靖史・本間健太郎・権藤智之 編著
A5 判・288 頁・本体 2700 円＋税

建築の領域・概念・手法がデジタル技術によって拡張している。コンピュータの計算結果から新たな創造性は生まれるのか？シミュレーションの予測は現実に近づけられるのか？東大 38 人の最先端研究から、クリエイティブ／インタラクティブ／サステナブル／マテリアル／プリディクタブル／レジティメイトの 6 つの視点で解説。

空き家改修の教科書
古民家× DIY で自分らしい暮らしを実現!

フクイアサト 著　NPO 法人結びめ 企画・編集
B5 判・112 頁・本体 2000 円＋税

空き家を自分で直して住みたい！ でも何から始めればよい？ という人に読んでほしいセルフリノベーションの入門書。空き家の見極め方、施工プロセスに応じた改修のポイントを豊富な写真とイラスト図解でわかりやすく手ほどきする。自ら家を改修し、田舎暮らしや自分らしいライフスタイルを実現した人たちの経験や知識を収録。